사고
고치고
살다

신승은 지음

목차

프롤로그

사다

집을 사다 9
셀프 인테리어를 하겠다고? 12
my blog_ 집 계약 16
my blog_ 이삿날 18

고치다

싱크대 설계를 세 번 바꾸다. 21
새 집을 사지 그랬냐 26
첫 번째 고비를 넘다 28
슬기로운 계단 생활 31
소 기사님, 강 과장님 38
새 창 다오! 46
우수관, 이건 또 뭔가요? 52
내가 편하면 비용은 높아진다는 진실 58

가구 하나를 만들다. 68
불꽃이 튄다! 74
눈물과 웃음의 대서사 78
취향과 기호가 반영된 공간 89
집이 집다워졌다 102
생활의 공간, 삶의 공간으로 110
my blog_ 도배, 페인트 시공 116
my blog_ 언니의 도시락 120

살다

벌써 일 년 123
우리집에 놀러온 사람들 132

에필로그

607호와 이별하기 139

프롤로그

블로그에 매일매일 집수리하는 일기를 썼다. 집 고치기 과정이 힘들기도 하고 재미 있기도 하고, 주위 사람들과 집이 완성되는 과정을 공유하고도 싶어서 시작한 일이었다. 혹시라도 잘 고쳐지면 '내가 인기 블로거가 되는 것 아닐까?' 하는 아주 조금의 허무맹랑한 기대도 있어 하루도 빼먹지 않고 그 과정을 다 기록할 수 있었다

2020년 5월, 친구들과 작당을 하다가 책을 출판해 보기로 했다. 각자 책으로 만들고 싶은 것을 찾자 했는데, 가지고 있는 콘텐츠로는 집고치기 일기가 가장 쓸 만했다. 이미 충분한 기록이 있고, 사진 자료도 있고, 집고치기의 결과도 만족스러워서 다른 사람들과 공유해도 되지 않을까 생각했다. 물론 나의 역사이기도 하고 .

하지만 일기라는 형식의 사적 성격과 현재성 때문에 수정이 많이 필요했다. 수정하려면 쓴 만큼이나 다시 시간이 걸릴 것 같았다. 때마침 브런치에서 '브런치 작가'를 모집한다는 공고가 떴다. 혼자서는 끝까지 할 수 없을 것 같았는데 '잘됐다' 싶었다. 마감 시한을 기억하면서 브런치에 글을 올렸다. 그렇게 글이 새롭게 하나 둘 쌓였다. 2020년 11월 31일 밤. 총 17편의 글을 마무리하고 마감 1분 전에 응모에 성공했다. 아쉽게도 당선되지는 않았지만 그 글을 종잣글로 해서 뒷부분의 글을 더 쓸 수 있었다.

집 고치기에 관한 글을 쓰다보니 꽤 오랫동안 인테리어를 해 본 느낌이다. 가끔 주변 친구들은 인테리어와 관련해서 궁금한 것이

있을 때 나에게 물어본다, 우리 집을 고친 다음에 언니네 집 부엌과 욕실 공사도 진행해 보았고, 양말기획 새 사무실의 인테리어도 맡아서 진행했다. 어렵지 않게 일정을 짜고 공사를 시작하고 하는 나를 보면서 제법 노하우가 쌓였구나 싶다. 집 고치기가 남의 일인 줄 알았던 과거는 없어졌다. 어엿한 준전문가 흉내를 내면서 인테리어에 대해 이렇게 저렇게 의견을 낼 정도로 내 영역이 확장된 것이 즐겁다.

이 책엔 작은 집의 공사를 계획하고 진행한 소소한 이야기가 담겨있다. 집은 삶을 담는 그릇이다. 때문에 치열할 수 밖에 없었던 여러가지 고민과 결정이 무엇이었는지 나누고 싶다. 집을 고치려는 분들에겐 참고할 만한 경험담일 것이고, 집을 고쳤던 분들에겐 공감할만한 후일담 정도일 것이다. 공사장을 지날 때 소음만으로 어떤 공사가 진행중인지 추측하고, 작업자분들의 땀과 웃음을 상상할 수 있게 한 시간들을 이야기 하고 싶었다. 작업자분들의 일상을 옆에서 보면서 생각하게된 이야기들도 나누고 싶다. 멀리서 보던 것과는 확실히 다르다.

하고 싶은 것이 있는 삶이어서 좋다. 하고 싶은 일을 해 볼 수 있고 그 과정을 긍정하며 겁내지 않는 내가 좋다. 글도 쓰고 그림도 그리고 집도 고치고. 다음엔 또 뭘 할까?

2022. 1월

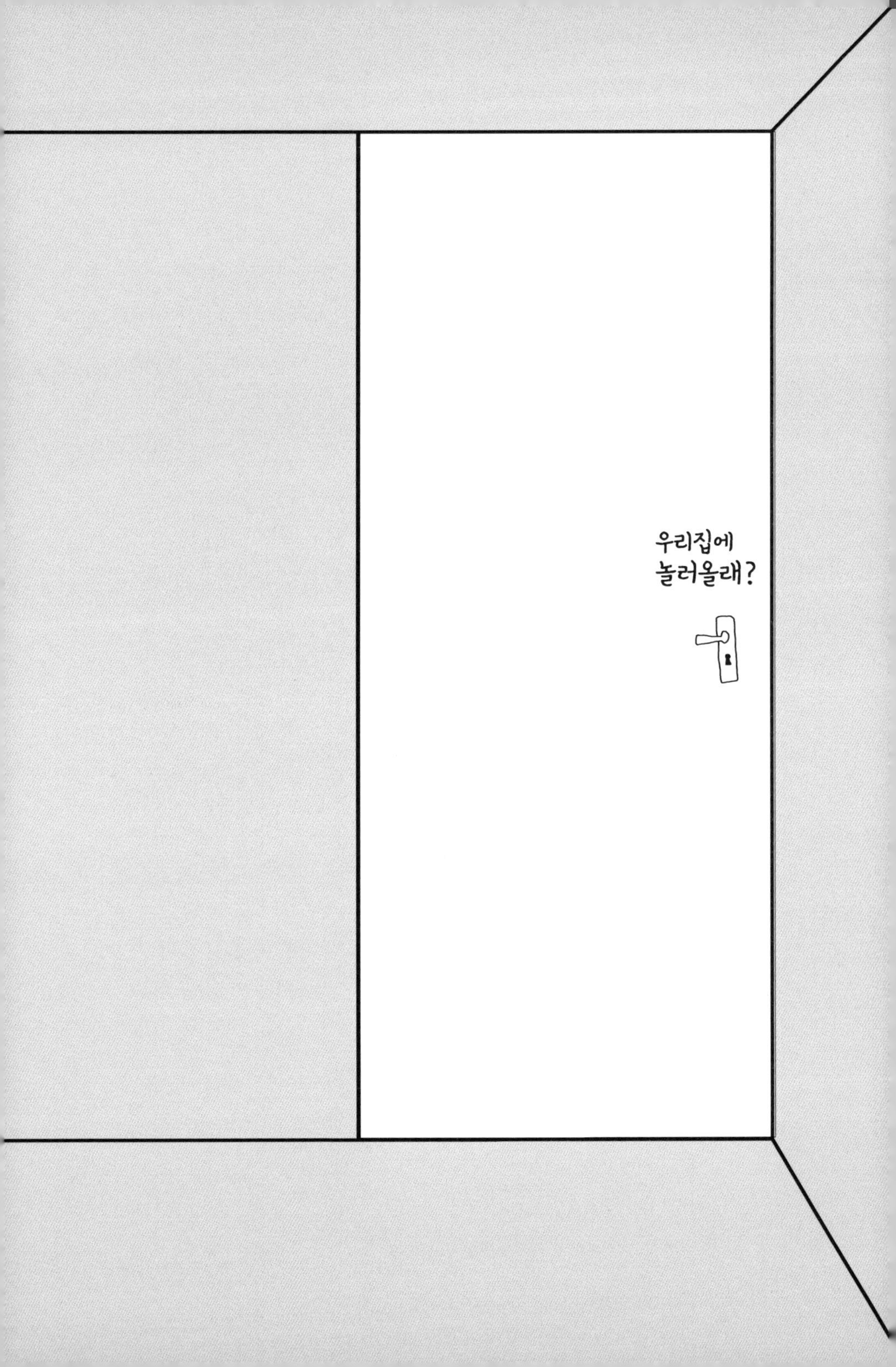
우리집에
놀러올래?

사다

금요일 밤 8시. 계약금을 입금했다.
집을 샀다.

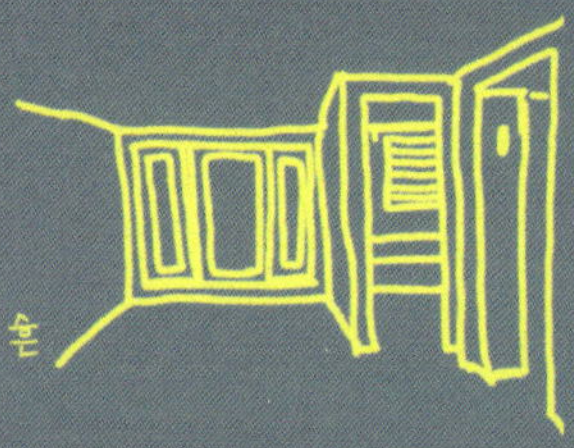

집을 사다.

집을 사고 싶다고 처음 생각한 것은 13년 전쯤이었다. 2008년 리먼사태로 세계가 들썩거렸을 때, 청주에 있는 대학원을 가게 되었다. 청주에서 2년 동안 월세로 살면서 전세금으로 '서울에 전세를 끼고 집을 살까?' 하는 생각을 했다. 경기가 안 좋았을 때였고, 언니가 집값이 떨어질지 모른다며 사지 말라했다. 서울로 와서는 언니네 집 근처 금천구의 작은 아파트에 전세를 얻었다.

한동안 집을 살 생각을 하지 않았다. 두 번째로 집을 사고 싶다고 생각한 것은 2015년, 직장을 옮기게 되면서였다. 직장 근처의 18평 아파트를 찾아보니, 성동구의 아파트와 강동구의 아파트가 전세가도 낮고 위치도 좋았다. 당시에는 매매가와 전세가가 1억 정도밖에 차이가 나지 않았었다. '살까?' 하다가 사는 과정의 복잡함과 빚을 지는 일의 번거로움 때문에 그냥 강동구 아파트로 전세를 옮겼다. 도배, 장판을 하고 내가 가진 가구를 배치했더니 또 제법 '내 공간'으로 정이 갔다. 5층이었는데, 키 큰 플라타너스 잎들이 가득한 동향집의 아침이 참 좋았다. 전세 주기를 세 번이나 돌았는데도 연장이 가능했던 것이 그때는 다행이었고, 지금 생각하면 안타까운 일이 되었다.

그날은 2019년 10월 셋째 주 금요일 오후였다. 전세를 네 번째 연장 할까 말까 하면서 우연히 동네 부동산에 들어갔다. 재개발 이야기가 나오면서 내가 살고 있던 집은 처음 들어온 집값에서 세 배가 뛰어 있었다. 전세는 1억 정도 올랐고. 그런 이야기를 나누는데 부동산 사장님이 아파트를 사는 게 어떻겠냐고 하셨다. '드디어 때가 된 걸까?' 다른 때는 하소연이나 하면서 다시 전세 계약을 했을 텐데, 이번엔 확실히 사장님의 말이 귀에 들어온다. '좋은 집이 있나요?' 18평 매매가가 7억이 넘는 이 동네에서 괜찮은 집이 있을까

했더니 5억 대 초반에 20평대 아파트 매물이 나온 게 있다 하셨다. 그 정도면 주변 새 아파트의 전세 값 정도. 마음이 두근두근 한다.

"생각해 볼게요."

집에 돌아왔다. 어떻게 하지? 대출을 받으면 살 수 있을 것도 같은데……. 밤에 사장님이 전화를 하셨다.

"지금 안 사면 다른 사람이 계약할 것 같으니까 바로 계약금을 보내주세요."

동네였기 때문에 아파트에 직접 가서 매물로 나온 동과 호수를 살펴보았다. 상가를 앞에 둔, 도로에서 제일 가까운 동이었다. 그 정도 층수면 동네 공원과 멀리 일자산까지도 보일 수 있는 높이. 정남향. 괜찮겠다. 이렇게 큰 돈을 모아본 적도, 써본 적도 없었기에 유난히 심상이 쿵쾅댔다.

'아! 이건 사라는 거다!'

그리고, 금요일 밤 8시. 계약금을 입금했다. 집을 샀다.

셀프 인테리어를 하겠다고?

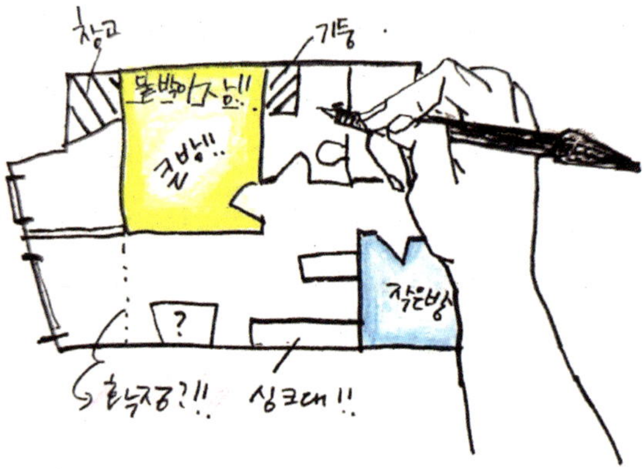

계약금을 치르고서야 집을 볼 수 있었다. 부동산 사장님께서 가계약한 집이어서 명의를 바꿔 계약하기 전까지 굉장히 조심스러웠다. 1992년 5월에 지은 집. 주변 숲 때문에 용적률이 낮아서 재개발이 어려운 아파트. 대신 주변 아파트보다 가격은 낮고, 또 그 대신 주변에 숲이 가득했다.

낡고 낡은 집을 샀기 때문에 인테리어는 피할 수 없는 일이었다. 인터넷을 뒤져보았다. 인테리어에서 가장 중요한 결정은 턴키로 할 것인가, 아니면 셀프인테리어로 할 것인가였다. 턴키는 열쇠(key)를 돌리면(turn) 모든 설비가 가동되는 상태로 인도한다는 뜻으로, 업체가 공사를 처음부터 끝까지 모두 책임지고 다 마친 후 발주자에게 열쇠를 넘겨주는 방식을 말하고, 셀프인테리어는 집수리의 공정을 담당할 기술자를 직접 섭외하고, 재료를 직접 구입하는 등 주택 소유자가 인테리어의 전과정을 조율, 조정하는 현장감독의 역할을 하는 것을 통칭한다.

셀프인테리어는 정말 어렵다고. 그 '힘듦'을 비용으로 지불하는 것이니까 턴키가 비싸다고 생각할 게 아니라고들 했다. 턴키로 어느 정도 마음을 정하고 집주변 인테리어업체를 다녀보고, 인터넷 업체에도 견적을 요청했다. 집을 쓸 수 있는 수준으로 만드는 데는 약 천오백만 원, 요새 유행하는 일반적인 스타일로 고치면 삼천만 원 초반 정도의 비용이 들어가는 것을 알게 됐다. 맘에 드는 업체와 사전 미팅을 하면서 몇몇 요구 사항을 이야기하면 바로 삼천만 원대 중반으로 비용이 올라갔다. 하고 싶은 게 없으면 모를까, 원하는 게 있던 나로서는 그 끝없을 추가 비용이 부담됐다. 계약하면서부터 한 달 동안 '셀프인테리어 카페'를 들어가서 다른 사람들의 견적과 비교해보며 생각을 정리했다. 셀프인테리어라면 삼천만 원 정도의 예산이면 원하는 공사가 가능할 것이라는 생각이 들었다. (물론 셀프인테리어를 하면서도 추가 비용이 더 들기는 했다.)

셀프인테리어를 하기로 맘은 기울었지만, 막상 시작하려니 신경 쓰이는 것들이 많았다. 주위에서도 한 번만 더 생각하라며 말리는 사람들이 여전히 있었고, 생소한 용어들과 다시는 셀프인테리어를 하지 않겠다는 후기들 속에서 계속 망설이고 망설였다. 일단, 인테리어의 시작인 철거부터 알아봐야겠다는 생각이 들었다. 철거와 설비라니, 정말 '1도 모르는' 분야. 카페에서 시공 후기가 좋은 업체를 찾고 시공 내용을 검토해 보았다. 철거 과정에서 궁금한 부분과 견적을 문의하는 문자를 보내고 직접 통화해 보니, 사장님은 정확하게 설명하실 뿐 아니라, 이후 시공까지 연결해서 말씀을 해주셨다. 이 업체와 함께하면 뭔가 되겠다는 생각이 들었다. 이미 공사 일정이 빡빡하다는 말에 이삿날 이후로 가능한 가장 빠른 날로 가계약을 했다. 이사하고 4일 후, 그날이 우리집 고치기를 시작하는 날이 되어버렸다.

이렇게 철거가 결정되니 다음 공정도 내가 진행할 수밖에 없었다. 떠밀리듯, 하지만 내 맘대로 하려면 이 수밖에 없다면서 어정쩡하게 셀프인테리어의 길로 들어섰다. 항상 중요한 일은 느닷없이 결정된다.

좋은 집과 예쁜 집의
이미지와 정보가 넘쳐나는 시대.
하지만 우리집 고치기는
온전히 내가 결정해야 하는
과정이다.

my blog

집 계약서를 쓰기로 한 날이다. 집을 보지도 않고 사다니. 생각치도 못한 대범함에 놀랐지만 그 날은 꼭 사야할 것 같았다. 집을 보고 온 날 밤에 부동산 사장님께서 '지금 안 사는 것은 바보'라며 호통을 치시는 게 조금 불편하기는 했지만, '이제 살 때가 되었다'는 자각을 하기엔 충분했다.

성선배가 혹시 사기라도 당하는 건 아니냐며 같이 가 주신다고 하셨다. 일평생 투자해서 크게 대박 난 적은 없지만, 적어도 손해는 없었다는 선생님의 전적에 의지하며 함께 부동산으로 향했다.

상대편 부동산으로 가서 계약을 하기로 했다. 가면서 사장님께 '계약 전에 마지막으로 한 번 집을 볼 수 없을까요?' 라고 물었는데, 그냥 계약을 먼저 하자고 하셨다. 맘에 걸렸다. 원래 나에게 25평을 권유하시던 사장님께서 갑자기 22평 매물을 강하게 밀어 붙인 것도 이상하게 보면 한 없이 이상했지만 일단 맘 먹은 일. 계속 앞으로 나아갔다.

나중에 알게 된 일의 자초지종은 이랬다. 내가 부동산에 들렀던 날 낮에 결혼을 앞둔 사장님의 따님이 이 집을 가계약을 했는데 밤에 갑자기 안 하겠다고 했다는 것이다. 계약금을 날리게 된 사장님은 오후에 집을 보러 왔던 내가 생각이 났고, 내 입장을 생각해도 계약을 하는 게 좋겠다는 확신이 있어서 나에게 강하게 밀어붙이셨던 것이다. 이야기를 들으니 사장님 따님의 집으로 알아본 집이니 요모조모 따져보고 결정한 것이어서 오히려 마음이 놓였고, 22평이면 매매가격도 25평보다 낮아서 나쁠 것은 없는 제안이었다.

문제는 가계약을 사장님 따님 이름으로 했기 때문에 계약자가 '나'로 바뀌게 되면 계약이 엎어질 수도 있었다는 것이었다. 날마다 집값이 오르는 터라 작은 빌미라도 생기는 것이 염려스러웠던 사장님은 날 사촌동생이라고 소개하면서 계약자가 바뀐 것을 자연스럽게 알렸다. 그 와중에 친근감을 보여주려는 듯 갑자기 나에게 "승은아, 커피 마실래?"라고 말을 걸어서 웃음이 터져 나오기도 했다.

집 계약의 과정은 조심스럽고 엄숙했다. 계약서 내용을 한 줄씩 읽으면서 확인을 하고, 평생 쓸 일 없겠다 싶었던 인감도장도 여기저기에 찍었다. 계약이 끝난 후에야 집을 볼 수 있었다. 좁은 집에는 가구가 가득했지만 멀리 시야가 시원해서 좋았다.

이제 난 빚 걱정은 하겠지만 이사 걱정은 안 해도 되는 집주인이 되었다.

2019.10.22.

my blog

이사는 아침 8시 25분에 시작해서 9시 55분에 끝났다. 짐이 간소하고, 잔 짐이 적어서라고 했다. 내 짐이 실린 컨테이너는 서부터미널 근처 어딘가에서 30일을 보내고 온다. 그 컨테이너에, 버릴 것이 실리지 않게 하려고 3일 동안 집정리를 했다.

책장 사이사이를 보다가 잊었던 편지들도 많이 찾았다. 하나같이 아끼는 마음이 담긴 손글씨들을 보면서 좋은 사람들과 만나온 시간들에 감사했다. 서랍 속에서 찾은, 옛날 중고차 사기당할 뻔했을 때 썼던 고소장은 다시 봐도 명문장이었다. 버리는 짐에도 다 사연이 있다. 햇빛 알러지때문에 집에 안 쓴 썬크림이 많았다. 썬스프레이를 버리려다가 위험하지 않을까해서 거실에서 송곳으로 구멍을 냈더니 온 집안이 소화기를 뿌린 것처럼 뿌연 가스가 가득. 깜짝 놀라서 창가로 달려가면서 또 킥킥 웃음이 났다. 참...난...한결같구나.

그 중 가장 좋았던 일은 엄마 아빠의 결혼사진이 있는 앨범을 창고에서 찾은 것이다. 15년이 넘게 풀지않고 가지고 있던 박스 짐을 열어봤더니 거기에 있었던 것.

가족 가톡방에 부모님의 결혼사진을 보냈다. 아빠 사진을 보다가, 어 여기? 하면서 내 사진첩을 찾아봤더니 아빠가 가셨던 에페소에. 이렇게 나도 갔던 걸 찾았다. 괜히 마음이 찡하다. 요새는 자꾸 찡하다.

아빠와 카톡을 했다.

이삿짐을 보내고 집주인분과 정산을 했다. 월세, 관리비, 장기수선충당금을 계산하고, 잔금을 받고 서로 웃으면서 감사하다 이야기했다. 매도인을 만나러 가는 도중 계속되는 사장님의 생색도 기분 좋게 들었다. 기다리는 동안 법무사가 도착하셨다. 대출을 진행해야 해서 법무사와 매도자분과 내가 정확하게 일처리를 하는 협조가 필요했다 매도자분과 대출 말소 비용, 아파트 관리비, 아파트관리 선수금을 계산했다. 그리고 또 다시 거액(생전 보지도 만지지도 못했던)의 돈을 이체하면서 마무리가 되었다. 열쇠를 받고 '오래오래 행복하시라', '좋은 집 팔아주셔서 고맙다', '언제 한번 놀러 오시라', '소개해 주셔서 감사하다'는 좋은 말들이 오갔다.

이사를 끝내고 들어간 우리 집. 베란다의 곰팡이가 날 놀라게 했지만. 집안의 따뜻한 공기와. 시원한 숲전망이 반긴다. 전 주인분이 16년 동안 네식구가 화목하게 지냈던 이 집에서 나도 기분 좋게 나이 들어야지 생각했다.

점심을 먹고 같이 있어주었던 영임이가 기도를 해 주었다.
밤에는 아버지가 기도를 해 주셨다. 감사하다.
이사가. 매매계약이 잘 끝났다.^^

2020.02.01.

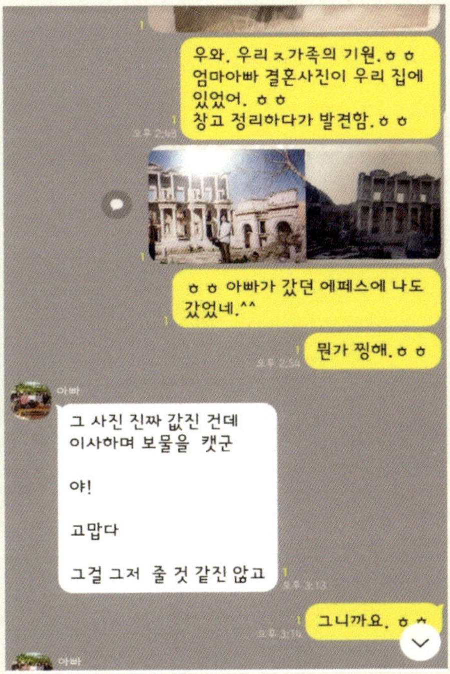

고치다

결정하고 해결해야 하는 사람

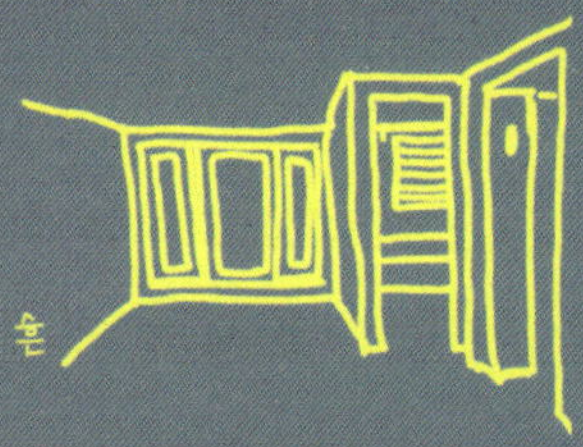

싱크대 설계를 세 번 바꾸다.

집을 고치는 31일 내내 하루도 쉴 수 없었다. 공사 일정이 매일 있지 않았지만, 쉬는 날도 이후 공사를 예상하고, 필요한 것들을 준비하고, 결정하느라 분주했다. 공정을 정리하지 않고 현장에 가면, 생전 처음 맞는 상황에 기가 질려서 중요한 것들이 생각이 나지 않았다. 작업자분들은 항상 아주 작은 부분이라도 '내 생각'을 물으시는데, 미리 조금이라도 생각해 놓지 않으면 막막해 하다가 아무 결정이나 하게 됐다. 공사를 끝낸 지금 생각해 보면, 그런 결정은 두고두고 후회가 된다. 현장에서 계획을 변경하고 수정을 하게 되더라도, 나름의 이유로 어느 정도 결정을 해 놓아야 마음이 편했다.

처음부터 이런 마음의 준비가 된 것은 아니었다. 철거 공사팀의 일정에 맞추느라 이사에서 공사 시작하는 날까지 4일이 비었다. 항상 닥쳐야 일을 진행하는 나로서는 그제서야 전체 공사의 일정과 집의 상황을 검토해볼 수 있었다.

공사 시작 이틀 전, 싱크대 김실장님과의 현장 실측은 예정된 일이었다. 전에 살던 집의 싱크대는 길이가 2.1 미터로 일자형의 싱크대였다. 요리를 많이 하지도 않았지만 뭐 좀 해볼까 하면 공간이 영 협소해서 불편했다. 싱크대를 제작한다면 디귿자로 작지만 알차게 만들어보자 생각했다. 싱크대 실장님과의 사무실 미팅에서도 작은 공간이지만 꼭 디귿자로 하고 싶다고 강조했다. 실장님과 이리저리 싱크대를 설계해 본 후에 빠듯하지만 적당한 구성의 설계로 미팅을 마무리했었다.

그런데 이사로 짐이 다 빠진 집을 보니 부엌 쪽 벽이 40센티미터가 나와 있는 구조였던 것을 알게 되었다. 인테리어를 진행하면서 배운 것 중 하나는 도면만 믿으면 절대 안된다는 것이다. 자를 들고 현장에서 실측을 해야 이후 두 번 작업을 하지 않게 된다. 반드시 기억하는 것이 좋다. 분명히 인터넷에 올라온 평면도에는 싱크대 쪽 벽이 창까지 일자였다. 창을 마주보는 아일랜드 테이블 사이즈를 줄이자니 너무 작아서 어정쩡해 보이고, 그대로 두기엔 부엌과 거실을 나누어서 시야가 답답했다

공사 시작 전부터 계획에 대대적 차질이 생긴 것이다. 실측 날 이 상황을 어떻게든 해결해 보자면서 실장님과 의논을 했다. 결론은 디귿자로 하면 집의 크기에 비해서 부엌이 너무 커져서 답답해 보이니 포기하기로 했다. 다시 기역자로 바꾸어 볼까, 그냥 원래의 싱크대처럼 일자형으로 할까 의논하다 냉장고를 복도와 연결해서 배치하는 기역자 싱크대로 결정을 했다.

실장님이 떠나고, 빈집에서 다시 자를 들고 이리저리 싱크대를 예측해보았다. 좁고 긴 복도가 냉장고 장으로 연결되면서 복도가 길어지는 것은 아무래도 답답했다. 남은 것은 일자형 싱크대 뿐. 그 대신 아일랜드장을 기존 식탁 자리에 배치하면 어떨까 생각했다. 실장님께 의견을 보내니 마침 자신도 그런 생각을 하고 있었다 했다. 한 번도 생각해보지 않았던 십일자형 구조였지만, 대강의 도면을 구성하고 떠올려보니 확실히 덜 답답했다. 싱크대를 마주보고 앉을 수 있게 상판을 15센티 정도 나오게 하고, 전자렌지를 넣을 수 있게 하고 서랍으로 아일랜드를 구성하면 오히려 수납공간도 확보될 수 있겠다는 생각. 그제서야 마음이 놓였다.

인테리어가 무엇인지 경험한 것은 이때부터였다. 계획은 언제라도 변경될 수 있다는 것, 인테리어 공사는 예상치 못한 일들이 연속될 것이라는 것, 그리고, 내 취향과 요구를 정확하게 모르면 시공하시는 분과 대화가 잘되지 않겠다는 것, 전문가들의 의견을 물어야 하지만 그 의견들은 참고일 뿐 내가 선택해야 공사 결과에 미련이 남지 않는다는 것을 직감적으로 알 수 있었다.

인테리어는 살 공간에 관한 것이다. 순간의 결정은 이후 우리 삶에서 작게, 크게 지속적으로 영향을 미치게 된다. 뭐든 최선은 없겠지만 내가 날 설득한다면 이후부터는 적응하고 정을 붙이면 된다.

공사 시작 전, 난 조금씩 현장 소장이 되고 있었다.

새 집을 사지 그랬냐

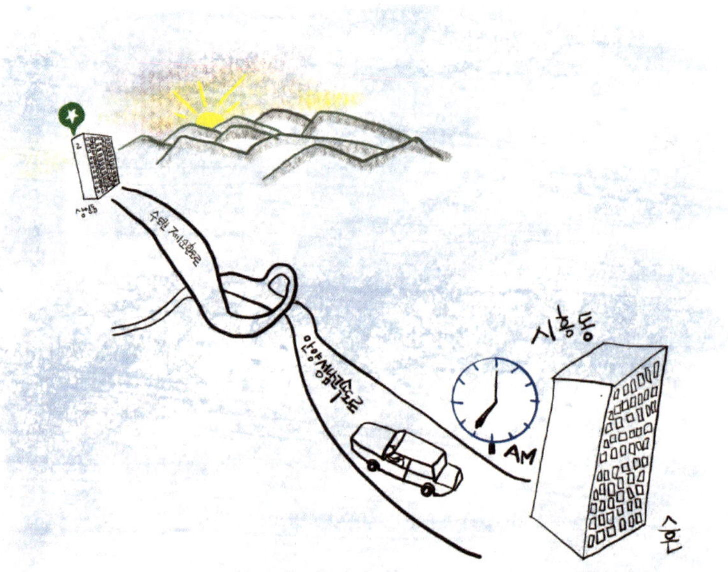

공사하는 내내 시흥동의 언니네 집에서 지냈다. 살던 집의 이사 일정을 내가 결정할 수 있었는데, 인테리어 공사 기간을 생각하지 않고 이삿날을 잡은 바람에 한 달 동안 보관이사를 하게 되었다. 우리집과 언니네 집은 왕복 80킬로미터, 통행료를 5,800원이나 내고 다녀야 할 만큼 먼 거리에 있었다. 공사하시는 분들은 하루를 일찍 시작하시기 때문에 나도 아침 8시 이전엔 현장에 도착했어야 해서 긴 겨울 아침해를 매일 보고 다녔다. 굉장히 피곤했지만, 대신 오랜만에 언니랑 같이 지낼 수 있는 것은 좋았다. 시간이 지나면서 자연스럽게 벌어진 일상을 가까이서 보냈던 자매의 시간. 항상 하나가 나쁘면 어딘가 다른 하나는 좋아지는 진리.

공사 초기에 언니네 집에 부모님도 와 계셨다. 집을 사고 고치고 하는, 이제는 늙기 시작하는 다 큰 딸이 기특하신 부모님. 세상 일에, 특히 매매와 수리 등의 집 사기의 과정이 도통 낯선 부모님은 '마음'으로 응원해 주셨다. 그 마음의 깊이와 순도를 아는 나는 공사 마무리를 잘해서 더 기쁘게 해 드려야지 했다. 이런 점에서는 나이 드는 게 아깝지 않다. 부모님이 곁에 계셔 주시는 것만으로도 눈물이 날 정도로 감사한 줄 알게 철이 들어서 다행이다.

아직 고치지 않은 집을 찍어온 사진을 보여드렸더니,

"에구 고치느라 고생 많아서 어쩌냐. 새 집을 사지 그랬냐"

하셨다.

하하하. 엄마. 새 집은 살 수가 없어요. 너무 비싸요.

첫 번째 고비를 넘다

목공사 들어가기 전에 결정한 것들

'천장이 주저앉은 것 같다고요?'

싱크대 실측을 할 때, 거실 천장의 어느 부분이 주저앉은 것 같다는 이야기를 들었다. '천장이라니!' 살면서 한 번도 생각해 보지 못한 영역. 잠깐 당황했지만 바로 '천장 공사'로 검색을 시작했다. 오래된 집은 천장을 지탱하는 지지대가 삭아서 주저앉는 경우가 종종 있고, 그럴 경우엔 다시 천장을 새로 만들어야 한다는 내용의 글을 여럿 볼 수 있었다.

목공 팀장님에게 상황을 알리고, 천장 보강 공사가 가능한지, 예산이 얼마나 드는지 물었다. 예산도 예산이지만 3일에서 일주일로 목공 기간이 늘 것이고, 철거팀에게 천장 철거도 요청해야 한다는 답변. 이틀 후가 바로 철거인데, '공사 기간과 예산'에 차질이 생기는 것은 큰 부담이 되었다. 천장 공사를 안 하는 방법을 찾다가, '노출 천장'을 고민하게 되었다. 천장을 노출하게 되면, 목공 공사 기간이 늘지는 않는다. 하지만, 페인트칠이 필요하고, 조명 박스를 만들어야 하는 공정이 생기게 된다.

인테리어를 준비하며 정독했던 책에서는 아파트 거실 천장은 노출해도 복잡하거나 지저분한 것이 없기 때문에 괜찮다고 하는 내용을 읽긴 했지만 쉽게 결정이 안됐다. 여러 가지 정보 중에서 날 가장 머뭇거리게 한 것은 노출 천장의 경우 위층의 소음을 아주 잘(!) 전달해 준다는 것이었다. '공사 동의서'를 받을 때 위층에서 만난 귀여운 네 살 꼬마의 얼굴이 스쳐 지나갔다. 몇 번의 팀장님과의 통화 끝에 직접 현장을 확인하기로 약속을 잡았다.

팀장님을 만났다. 전날 하루 종일 걱정했던 것이 무색하게, 천장을 직접 막대기로 쳐 보더니, 상태가 생각보다 나쁘지 않다고. 부분 보수만 하면 되겠다고 하셨다. 원래 처음부터 천장 공사 마무리를 어설프게 해서 울퉁불퉁해 보인 것 같다고, 지붕이 오래되면 고정했던 못이 빠져서 건들면 출렁이지만 우리집은 괜찮다고 했다. 휴우~. 생각보다 허무하게 천장 문제는 마무리되었다 역시 현장에 답이 있다. 최악의 시나리오까지 예상하면서 마음의 준비를 했었는데 정말 다행이었다.

전화위복!

덕분에 목공과 전기공사를 해주시는 팀장님과 집 컨디션을 살피며 목공과 전기에 관한 사항을 최종적으로 확인할 수 있었다. 인테리어에 영 초보인 내가 아무리 공부하고 준비한다고 해도, 공정과 공정의 연결을 파악하는 것은 어려운 일이었다. 전문가와 같이 이야기를 하니까 무엇을 어떻게 준비하는지 명확해졌다. 만약 이날의 미팅이 없었으면 여러 날을 헤멜 뻔했다.

이 일로 하나의 작업이 끝나기 전에 다음 공정과의 연결 사항을 확인하고 결정하는 습관이 생겼다. 일어날 수 있는 여러 상황을 최대한 시뮬레이션하고 선택지를 마련해 놓으니, 공사를 주관하는 사람으로서 해야 할 일이 무엇인지 생각하게 되었다. 실전을 눈앞에 두고 셀프인테리어를 하는 자세가 달라졌다.

슬기로운 계단 생활

새 집이 될 준비 작업_ 철거

공사 동의서 받기

공사 전 3개월 동안 셀프 인테리어 카페에 매일 드나들었다. 게시판에 철거 공사 때 소음이 '장난이 아니다'라는 무시무시한 이야기들이 꽤 올라왔다. 주위의 민원에 시달리는 경우는 비일비재하고, 심지어는 공사를 멈춰야 했던 경험담들이 열렬한 공감을 받으며 읽히고 있었다. 현장에서 직접 감리*해야 하는 나로서는 상상만으로도 조마조마. 마음의 준비가 필요했다. 공사 시작하기 일주일 전, 바로 이웃한 집에는 특별히 쓰레기봉투를 드리면서 공사 동의서를 받았다. 지을 수 있는 최대한의 순한 표정과 좋은 이웃이 될 거라는 믿음을 주는 웃음으로 인사를 건넸다. 공사 동의서를 받는 일에 알바를 쓰는 경우도 많다지만, 그 정도는 내가 해도 될 것 같았다. 늦은 오후 아파트의 위아래층을 오갔었다.

독립하고 17년 동안, 적은 예산으로 혼자 살 집을 구해왔기 때문에 매번 복도식 아파트에 살았다. 현관문들이 줄지어 서 있는 복도로 연결되어 많아야 다섯 걸음만 걸으면 옆집인데도, 어떤 분들이 사시는지 도통 알 수 없었고 알고 싶지도 않았다. 전세를 살면서 언제든 떠날 수도 있는 곳이라는 생각에 나를 드러내기도, 누구와 관계 맺기도 애매한 이방인으로 살아왔다. 이웃과 눈을 마주치거나 말을 건넨 기억도 거의 없었다. 1인 가구인 것이 드러날까 봐 불안한 마음도 컸던 것 같다.

*주로 공사나 설계 따위에서 일이 잘 진행되고 있는지 감독하고 관리하는 것을 말한다

하지만, 내가 꽤 오래 살 수도 있는 집이라 생각하게 되니 더 이상 투명 인간처럼 내 채도를 낮추기가 어려워졌다. 공사 동의서를 받으면서 '나'를 이사 올 사람으로 소개하는 일이 시작된 것이다. 그러고 나니, 나에게도 이웃이 될 사람들이 눈에 들어왔다. 윗집의 젊은 부부는 혈기 왕성한 꼬마 때문에 나에게 잘 보이고 싶어 하는 인상을 받았다. 아래층의 할머니께서는 최근에 인테리어 공사를 하셨다고 하셔서 공사 상황을 잘 이해해 주실 것 같았다, 옆집의 가족은 다음 달에 이사 가신다며 공사 잘하라 하셨고, 그다음 집의 아저씨는 쓰레기봉투도 받지 않으시겠다며 '수고하시라' 말해주셨다. 이렇게 이웃을 만났다. 어색했지만 생각한 것보다 기분이 괜찮았다.

상상 그 이상의 소음, 철거 공사

공사 첫날은 철거가 진행되었다. 소음에 관한 민원이 들어오면 철거하시는 작업자들이 불편해한다고 하고, 작업 반장님께서도 계속 옆에 있기를 바라셔서 하루 종일 현관 옆 계단에서 대기하였다. 결과적으로 현장을 지키고 있었던 것은 굉장히 좋은 선택이었다.

예고된 일이었지만 철거의 소음은 상상 그 이상이었다. 거실 확장 공사로 작업자분들은 영화에서나 등장하는 오함마*를 들고 등장

* 건축 현장에서 자주 사용하는 어휘로, 큰 해머의 일본식 표현. 표준어는 아니다.

하셨다. 비내력벽인* 조적벽을 쾅쾅 내리치는데 정말 소리가 어마어마했다. 아파트가 무너지는 게 아닐까 싶었다. 벽이 무너지는 소리를 아래층에서 듣는다는 상상을 하니 정말 괴로웠다. 나라면 절대 견디지 못할 소음. 제발 아래층 할머니께서 댁에 안 계셨으면 좋겠다는 바람으로 안절부절못했다. 싱크대 철거는 생각보다 금방 끝났다. 안도를 하자마자 그 다음 소음이 시작되었다. 타일 덧방을 하지 않아 욕실 타일을 다 드러내야 했다. '드드드드' 기계음은 단지 전체를 울리는 것 같았다. 이 소음에 아무도 민원을 제기하지 않는

*건축물을 구성하는 벽돌은 내력벽과 비내력벽으로 구분한다. 내력벽은 건축물 구조상 위에서 오는 수직하중과 여러 요소에 의한 수평 하중을 받는 중요한 벽체로 철근, 콘크리트 벽으로 되어 있다. 비내력벽은 시멘트 벽돌로 쌓아 올린 조적벽과 각재를 세우고 MDF로 만든 목공벽이 있다. 비내력벽은 단순히 공간을 나누기 위해 사용하는 벽체로 임의로 철거가 가능하다.

다면 그게 기적이라는 생각이 들 정도였다.

아니나 다를까, 아래층 계단에서 천천히 올라오는 발소리가 들렸다. 두근두근. 할머니께서 공사 잘하고 있냐면서 운을 떼신다.

"너무 시끄럽죠? 죄송해요."

몸둘 바를 모르겠는 나에게 할머니께서는 담담하게 욕실 방수를 철저하게 해 달라고 하셨다. '휴우..' 끝인가 했는데, 한 가지 더! 베란다 천장의 페인트 가루들이 떨어졌는데 왜 그런 거냐면서 한

번 와보라고 하셨다. 얼른 할머니를 따라서 내려가 보았다. 아래층 베란다 천장엔 누수로 인해서 페인트가 이미 갈라지고 있었는데,

조적벽을 무너뜨리면서 생긴 진동으로 가루가 떨어져 있었다. 할머니께 상황을 말씀드리고, 이런 진동은 더는 없을 것이라고 양해를 부탁드렸다.

뜻밖의 수확

아랫집을 방문하고, 뜻밖의 수확이 있었다. 신발장을 철거하고 나니, 그 아래에 10센티미터 정도 시멘트로 된 턱이 보였었다. 제거해 달라고 말씀드렸더니 철거 반장님께서 보일러가 지나갈 수도 있으니 제거하기 어렵다고 하셨다 신발장을 새로 짤 때 띄움을 해서 평소 신는 신발을 넣으려던 내 계획이 또 무산되나 싶었다. 그런데, 인테리어가 되어 있는 아래층에 가 보니 신발장 띄움 시공이 되어 있는 것이었다.

아래층 신발장

신발장 턱 제거전

턱 제거 후

아! 철거가 가능하구나! 얼른 작업반장님께 이 사실을 알려 드렸다. 다시 '드드드드' 소리가 들리고, 잠시 후 시멘트 턱이 깨끗하게 제거된 것을 볼 수 있었다. 눈이 보배!

계단에 대기했기 때문에 좋았던 점은 또 있었다. 욕실에 라지에이터를 제거하면서 바닥에 보일러 배관을 연결하기로 한 것도, 에어컨 기사님께 연락해서 확장 베란다에 에어컨 배관을 매립하기로 한 것도 모두 현장에서 결정한 것이었다. 철거를 하다가 보일러 전선이 끊어진 것을 발견한 것, 작은 방의 문턱을 제거했더니 마루와 방의 단차가 커서 그 사이를 최대한 티나지 않게 미장하기로 한 것도 현장에서 바로 소통해서 처리할 수 있었다. 가스 배관을 철거하기 위해 오신 기사님의 동선도 조정해야 했고, 폐기물 관련하여 경비실 기사님과도 소통해야 했다. 확장한 거실 벽으로 에어컨 콘센트도 이동하기 위해 전기관을 바닥에 매입하는 것이 필요했다. 이 모든 것들이 현장에서 알고 처리한 일들이었다.

두꺼운 패딩을 뚫고 들어올 만큼 추위가 매서웠고, 소음으로 인한 압박에 시달린 하루였다. 하지만 계단에서의 하루는 '인테리어 공사'가 어떤 규모로 이루어지는지, 공사 현장에서는 크고 작은 문제와 사안이 계속 생기고 누군가는-우리 집 공사에서는 내가- 이를 해결하고 결정해야 한다는 것을 몸으로 배운 날이었다.

소 기사님, 강 과장님

– 미장의 달인과 프로 몰탈러를 만나다.

어떻게 불러드릴까요?

공사를 하면서 작업하시는 분들의 호칭을 어떻게 하는 것이 좋을까 고민이 되었다. 별로 친하지도 않은데 '아저씨'라 부르는 것은 너무 상대방을 쉽게 대하는 느낌을 주었고, '선생님'이라고 부르면 오버하는 것 같았다. '사장님'이라고 하려니 사장님이 아닌 분들이 많았다. 결국, 나는 일일이 '제가 어떻게 불러드리는 것이 편하세요?'라고 여쭤보기로 했다. 이런 질문을 할 때마다 작업하시는 분들은 잠시 머뭇거리시다가, 곧 웃으시면서 본인에게 편한 호칭을 말씀해 주셨다. 몇몇 분은 '아무렇게나 부르세요'라고 하셨지만 그럴 수는 없었다. 우리 집을 고쳐주시는 그분들은 '아무런 분'들이 아니시기 때문이다. 호칭을 정리하는 과정은 같은 프로젝트를 진행하는 분들을 존중하는 마음을 전달하는 나름의 절차였다. 그런 다음에야 그분들과 연대감을 느끼며 작업에 대해서 의논할 수 있었다.

재미있는 것은, 그런 나와는 달리 그분들은 하나같이 나를 '사모님'이라고 부르시는 것이었다. 사모님이라...... 하하하. 사모는 '자기 스승(사부)의 부인(夫人)을 일컫는 말'이라고 한다. 보통 우리 일상에선 사장님의 부인을 사모님이라고 한다. 그런데, 1인 가구인 나에겐 사장님이고 뭐고 그런 사람이 우리 집에는 없는데 자꾸 사모님이라고 하셨다. 어찌나 어색한지. '아줌마'나 '아가씨'(나이 많은 미혼도 아가씨라고 하는지 모르겠지만)라고 부르기도 애매하셔서 통칭 '사모님'이라고 부르시나보다 하며 그냥 대답을 하긴 했다. 공사하면서 매번 '사모님'이라고 불릴 때마다 목에 뭔가가 걸리는 느낌. 사모님으로 불리는 동안은 사모님과 같은 표정과 교양있는 척 깐깐한 말투를 구사해도 될 것 같다는 생각에 웃음이 났다.

미장의 달인 소 기사님.

설비공사의 마무리는 미장이었다. 내부 철거가 다 끝나면 콘크리트

와 벽돌로만 이루어진 벽체나 시멘트가 부서진 부분이 보인다. 벽면이 고르지 못하면 그 위로 바른 마감재의 모양이 좋을 리 없다. 그때 매끈하게 면을 만드는 작업이 바로 미장이다. 미장을 하시는 분께 호칭을 여쭈어 보았다. 웃으시면서 'S미장, 소 기사'라 불러 달라고 하셨다. 연배가 있는 모습이 듬직했고, 현장의 구석구석을 살피시는 모습에 전문가 포스가 물씬. 싱크대 수전을 내려주실 때도 꼼꼼하게 미장해 주시더니, 몰딩을 제거하면서 떨어져 나간 부분도 하나하나 챙기시면서 시멘트를 발라주셨다.

현관 미장을 마무리하는 모습을 지켜보면서 난 소 기사님을 '미장의 달인'으로 존경하게 되었다. 타일을 들어낸 곳에 시멘트를 쓱 바르면 된다고 생각하고 오늘의 공사가 거의 끝났다고 생각했는데, 소 기사님은 그 자리에서 도통 떠나실 생각을 하지 않으시는 거다. 무엇을 하시나 한참을 봤더니 사방으로 방향을 바꿔가며 수평계를 쓰시면서 흙손으로 한 번 문지르시고, 평형을 맞추시는 것을 계속 반복하셨다. 내 성격 같아서는 어림없는 일. 이 정도면 됐다 싶을 때가 지났는데도 쪼그려 앉으신 체 계속하시는 모습. 살면서 단 한 번도 '현관의 수평'에 대해서는 생각을 해 본 일이 없던 나에게 소 기사님의 작업을 바라보는 순간은 꽤 깊은 울림을 주었다. 묵묵히 자신의 작업을 완전하게 마무리하는 모습을 보면서, 이런 분이 우리집을 고쳐주시는 것이 행운이라는 생각을 했다.

프로 몰탈러 강 과장님

철거 설비의 이틀 동안 공사를 책임져 주신 분은 '강 과장'이라 불러달라고 하셨다. 껑충 큰 키와 곱게 생기신 외모와 달리, 오함마로 벽을 내리치는 파워를 보여주셨다. 무엇보다 강 과장님이 좋았던 것은 소통이 잘 되는 점이었다. 라지에이터를 철거한 욕실 바닥의 온수 배관을 까는 일, 욕실의 환풍구를 위쪽으로 올려주시는 것은 내가 미처 신경 쓰지 못하는 부분이었는데 먼저 설명을 해주어 결정을 빨리 내릴 수 있었다. 공사를 해 보니, 현재의 공정에서 최대한 신경을 써서 해결해야지 다음 공정으로 넘어가면 굉장히 어려운 일이 된다는 것을 알게 되었다.

아래층 할머니의 요청도 있어서 욕실의 방수를 몇 번 강조해서 부탁드렸다. 나 같은 초보는 작업이 얼마나 잘 되었는지 제대로 알기 어렵다. 뭔가 아는 사람인 것처럼 구석구석 꼼꼼하게 보고, 인터넷 검색으로 미리 공부한 '입에 익지 않은 용어'를 써가면서 잘 부탁한다는 말을 반복하는 수밖에. 강 과장님은 그런 나의 어설픈 요청에 베란다의 난방 엑셀 관도 촘촘히 감아 주시고 이중 새시를 고려해서 창호의 턱도 충분한 두께를 확보할 수 있게 공사를 진행해 주셨다. 강 과장님의 실력은 그 다음 타일작업에서 확인할 수 있었다. 욕실의 구석구석 꼼꼼하게 방수 처리를 하고, 젠다이도 깔끔하게 시공이 되어 타일 작업이 수월했다는 타일 사장님의 평가에 과장님께 감사하는 마음이 더욱 커졌다.

두 분 다 말수가 굉장히 적은 편이셔서 작업하시는 모습을 조용히 지켜볼 수 있었다. 하지만 몸을 쓰는 일을 하는 분들을 옆에서 지켜만 보는 일은 마음이 불편했다. 뭐라도 해야 할 것 같은 기분. 작업을 마친 후에 감사한 마음으로 귤을 드렸더니 눈을 맞추시면서 환하게 웃으셨다. 그제야 나도 조금 편해졌다.

철거가 끝나면 그 다음부터는 모든 일이 저절로 따라가며 이루어진다 했다. 깨끗하게 미장이 된 집을 보니 그 말이 무슨 말인지 절로 이해가 되었다.

새 창 다오!

– 깔끔한 시공, 창호 공사

"와! 예쁘다!", "엄청 잘 꾸미셨네요!"

새 집에 이사하거나, 리모델링을 한 집에 가서 우리는 이런 감탄을 주로 한다. 하지만 집을 고치는 사람이 된다면 시작점이 달라진다. 예쁘고 잘 꾸미는 것은 집이 어느 정도 완성이 된 후의 이야기. 삶의 터전인 이 집이 안전한 공간인지, 편안한 공간인지가 더 중요하다. 그래서 벽지보다 단열이 중요하고, 가전보다 콘센트나 스위치의 위치를 잡는 것이 더 중요하다. 조명보다 조도가 중요한 것도 같은 이치다. 처음에는 마무리가 잘 된 예쁜 인테리어 사진들을 보면서 그럴듯한 우리집을 상상했다면, 공사를 시작하면서는 어떤 자재를 쓸 것인지가 더 중요한 문제가 되었다.

창호 이야기

밖과 안을 투명하게 연결하는 창호 공사에서도 여름에는 시원하게, 겨울에는 따뜻하게 지내기 위해 단열이 굉장히 중요하다. 집은 따뜻하고 아늑해야 하니까 창은 좋은 것으로 하고 싶었다. 어떤 사양이 단열이 잘 되는 지를 꼼꼼하게 찾아보았다. 그 결과 밖과 바로 닿아 있는 창은 이중창으로 해야 하고, 창틀의 넓이는 최대한 넓게 하는 것이 좋다는 것을 알았다. '로이(Low-E) 유리'란 단어도 생전 처음 들었다. 유리 표면에 금속이나 금속 산화물을 얇게 코팅해서 열의 이동을 최소화 시켜주는 기능성 유리라고 했다. 일반 유리보다 가격이 비싸긴 하지만 생각만큼 많이 차이나지는 않았다. 평소 줄곧 먹던 커피를 조금 줄이면 된다고 생각하면서 로이 유리로 결정하였다. 이런 식으로 좋은 버전을 선택한 것이 꽤 되었기 때문에, 공사 막바지쯤엔 향후 5년은 카페에서 커피를 마시면 안 될 지경에 이르긴 했다.

셀프인테리어 카페에서 칭송이 자자한 수호창호에 견적을 물어보았다. 견적을 받고 비교해 보았더니, 업계 1위인 LG 창호와 사양은 비슷한데 KCC로 진행하면 총 150만 원 정도의 차이가 났다. 전화로 문의하고, 실측을 하는 과정에서 꼼꼼하고 친절한 응대를 하니 더욱 신뢰가 갔다. 그럼 결정! 일정을 맞추다 보니 철거가 끝나고 하루 쉰 다음에 시공을 하게 되었다. 중간에 공사에 차질이 생길 수도 있다고 생각해서 공사기한을 한 달로 넉넉하게 정했기 때

문에 가능한 일이었다.

변신의 시작!

아침 8시가 되자 창호 철거팀 두 분과 창호 설치팀 두 분이 오셨다. 철거팀은 도착하자마자 기존의 새시와 창틀을 뗐다. 실리콘을 자르고 창틀을 다 들어내니 시원했다. 유럽의 발코니 창이 생긴 느낌.

창호 작업은 굉장히 춥다고 어디 가서 있다가 공사 끝난 다음에 오라고 하셨다. 반가운 말씀에 카페로 가서 다음 공정을 위한 준비를 했다. 사야 할 것도 산더미. 싱크볼, 도기 일체, 콘센트, 스위치, 조명, 비디오폰 등 신경 쓸 것이 어마어마했다.

점심때가 지나서 진행상황을 보러 다시 집으로 갔다. 창틀은 자

리를 잡았고, 외벽에 실리콘을 쏘고 계셨다. 12층인데 밖으로 몸을 한참을 내밀어 프라이머를 바르는 모습을 보는데 보는 내가 더 무섭고 후덜덜 떨렸다. 확장한 베란다와 커실 발코니 사이에 문제의 터닝 도어를 다는데, 벽이 없는데도 기둥을 세워 고정시키는 것을 보면서 '능숙함'이 얼마나 다른 사람을 안심시키는 것인지 생각할 수 있었다. 평소 어리숙하고 뭐든 처음 하는 듯한 느낌을 주는데 거리낌 없었던 내가 다른 사람들을 불안하게 할 수도 있었겠다는 생각도 잠시 날 스쳤다.

그리고, 완성된 창호! 하얗게 달린 샷시만으로도 새집의 분위기가 물씬 풍긴다. 집고치기의 진도가 갑자기 확 나갔다. 뿌듯함이 차올랐다.

창호의 박부장님께서 추위에 힘드셨을텐데도 몇 가지 주의사항을 알려주셨다. 기억하려고 메모해 두었다.

1. 발코니 샷시 바깥 부분 손잡이는 입주청소 때 깨끗하게 하시는 분들의 경우 뗐다가 다시 달기도 하시는데, 꼭 미리 처음 달린 대로 신경써서 달아달라 요청하기.

2. 로이 유리는 흐린 날엔 약간 색이 있어보일 수 있다. 놀라지 말 것.

3. 베란다 터닝도어는 공기압때문에 뻑뻑할 수 있음. 나아질 것임.

4. 사춤하는 곳이 너무 짧아서 미장을 했으니, 나중에 걸레받이 마감을 잘 할 것.

5. 실리콘은 3일정도는굳게 하는게 좋으니 손대지말것

우수관, 이건 또 뭔가요?

철거, 창호, 목공이 모두 관련된 베란다 확장 문제

너무 순조로운 것이 이상했다.

거실이 좁아서 베란다를 확장하든지, 폴딩 도어를 설치하든지 해서 넓게 써야 했다. 폴딩 도어는 베란다의 쓰임새를 살리고 단열에도 좋다고 했다. 게다가 요즘 인테리어 좀 한다는 집들엔 모두들 폴딩도어 '하나씩'을 구비한 듯. 나도 한 번 해보자 생각하고 알아보았다. 그런데 거실 폭이 너무 좁아서 문이 세 짝 밖에 안 나온다고 했다. '창이 좁히다 말겠군'하며 마음을 접었다. 베란다 확장으로 결정하고 관리실과 근처 설비업체에 베란다의 날개벽*의 철거가 가능한지 물었다. 조적벽이기 때문에 깔끔하게 철거할 수 있다는 설명을 듣고, 전망이 가득 찬 창을 상상하면서 공사를 기다리고 있었다.

창호 사장님께서 터닝 도어 위치를 잡으려고 실측을 하시던 날 일이 터졌다. 처음 집을 보러 갔을 때, 짐이 많기도 했지만 인테리어에 대해서 감이 없었기 때문에 '전망 참 좋다!'고 감탄만했었다, 실측을 끝낸 사장님께서 만약 확장한다면 우수관 위치가 거실로 들어오는 위치라 하셨다. 그러면서 우수관을 베란다로 보내고 창을 좁힐 것인지, 우수관을 목공으로 싸고 창을 넓힐지 결정하라고 말씀하신 것이다.

처음엔 어떤 상황인지 이해가 되지 않았고, 상황을 이해한 후엔 어떻게 하는 것이 좋은 결정인지 판단이 잘 안됐다. 이전의 공정처럼 전문가들의 의견을 수렴하려고 했지만, 창호 사장님과 목공 팀장님의 의견이 갈라졌다. 창호 사장님은 우수관을 거실에 두고 목공으로 쌓으면 간단하게 문제가 해결될 것이라 하셨고, 목공 팀장님은 창을 좁히더라도 우수관까지만 날개벽을 철거하고 그 위치에 맞춰서 터닝 도어를 설치하자는 의견이었다. 철거팀에 문의하니 날개벽을 중간 정도만 철거하는 것은 위험하다고 남기든지 철거하든

* 거실 발코니창의 양쪽에 있는 벽을 말한다.

지 해야 한다고 하셨다. 난감한 상황. 그냥 폴딩 도어를 달까 다시 고민이 원점으로 돌아가기도 했다. 난감했다. 고민을 하다가 매일 매일 드나들던 '셀프인테리어 카페에' 글을 올려 보았다.

실측하고 왔습니다. 다행히 날개벽 철거가 가능하다고 합니다. 그런데 베란다 배수관이 날개벽 철거 후 실내로 들어오는 구조더라고요.
창호 쪽에서는 베란다에서 물을 안 쓰면 목공으로 틀을 짜서 막으면 된다 하십니다. 목공 쪽은 우수관을 가벽으로 쌓은 후 누수가 생기면 문제가 심하니 베란다 창을 줄이더라도 날개벽 끝에 맞춰서 터닝 도어를 하는 게 낫다 하시더라구요.
일단. 창호에서는 날개벽을 철거한 선을 기준으로 (우수관을 거실에 들인 상태에서) 치수를 재가셨어요.

혹시 비슷한 경험을 하신 적이 있으신가요?

어떻게 하는 게 좋은 판단일까요?

글을 올리자 친절한 셀인 동료들의 댓글이 죽 이어졌다.

'목공 작업을 통해 가릴 수 있겠는데요? 저는 간단히 수납이 가능하도록 수납장을 만들겠네요.', '저희도 저런데 목공으로 가려준다고 하셨어요', '우레탄 폼 발포 단열로 감싸버리면 간단하고 누수 걱정도 없어요', '하, 이런 경우도 있네요. 다 철거하고 우수관을 ㄱ자로 감싸듯이 터닝 도어를 설치하면 됩니다.'

나는 결정하는 사람

댓글에는 목공으로 감싸는 게 더 좋다는 의견이 많았다. 문제가 무엇인지 어떤 위험이 있는지 정리를 한 후, 다시 공정을 담당하시는 분들과 통화를 했다. 우수관의 '우'자도 모르던 내가 아닌, 제법 베란다 우수관에 대해 여러 모로 고민한 '나'로 변신해서 대화를 시작했다. 두 분 다 나에게 '이렇게 하라'고 단언하지는 않았지만, 여전히 처음의 의견을 고수하고 계셨다. 철거를 앞두고 있던 시점이어서 빨리 결론을 지어야 했다. 결정은 온전히 내 몫이었다. 결정을 내렸다. 목공팀장님께 날개벽은 철거하고 우수관을 최대한 누수가 발생하지 않게 잘 쌓아 달라고 단호하게 부탁했다.

공사를 진행하다보니 진행하고 싶은 것에 대해 작업자분들이 안 된다고 하거나, 어렵다고 하거나 할 때가 종종 있었다. 그럴 때에는 무조건 수용하는 것보다는 내가 원하는 게 무엇인지 정확하게 알고 요구해야 한다. 작업자분들은 하자를 최소화하는 것을 중요하게 여기고, 그러기 위해서는 경험이 충분한, 익숙한 방법을 선호하시기 때문이다. 안된다는 말은 '내가 충분히 자신이 없다'라는 말이거나, '해 본 적이 없어서 낯설다', '이 결과를 나는 책임지고 싶지 않다'는 말로 해석할 수도 있다는 것을 염두에 둘 필요가 있다.

우여곡절이 있었던 우수관 공사의 결과는 매우 만족스러웠다! 우수관을 막은 목공 부분은 눈에 거슬리지 않았고 마감이 잘 나왔다, 올여름, 긴 비에도 누수 한 번 없었다.

내가 편하면 비용은 높아진다는 진실

단열, 목공 그리고 전기 공정

이 공정은 자신이 없었다.

인테리어를 하면서 책을 찾고 관련 정보도 검색하면서 나름대로의 노하우와 정보를 습득하고 공사에 대한 이해도를 높이는 중이었다. 그런데, 유독 목공과 전기 공정은 감이 오지 않았다. 가벽을 세운다든지 천정을 보수한다든지 하는 작업은 규모를 잘 모르겠고, 도대체 잘하시는 '목수님'들과 '전기 기사님'들은 어디서 만날 수 있는 것인지도 알 수가 없었다. 인테리어 카페에서 믿을 만하다고 추천하는 분들은 공사 예약이 거의 되어 있어 들어갈 틈이 없었다.

목공, 전기과정에서 내가 원하는 것이 무엇인지를 먼저 정리해 봤다.

단열: 복도식 아파트의 끝집이기 때문에 단열에 신경 써야 한다. 베란다 확장을 한 부분에는 천정과 벽 모두 단열이 필요하다.

목공: 문을 다 떼고 새로 달고, 욕실의 문에 귀여운 타공을 하고 싶다. 천정의 쳐진 부분은 보수해야 한다. 우물천장은 평평하게 시공해야 집이 넓어 보인다.

전기: 인덕션을 달 것이기 때문에 배선을 따로 빼야 하고, 간접 등을 위한 타공이 필요하다. 그 외 미리 콘센트와 스위치를 위치와 개수를 확인한 후에 시공을 의뢰해야 한다. 콘센트는 필요한 위치에 빠지지 않게 충분히 만들자.

하지만 정리를 해봐도 어떻게 진행이 될지 이해가 잘 되지 않았다. 이들은 다른 공정보다 견적의 노출이 적은 시공이기도 했다.

단열부터 알아봤다. 단열만 전문으로 시공하는 곳에서는 복도식이며, 끝집이기 때문에 베란다, 안방, 복도 쪽 방까지 다 단열을 해야 한다면서 300만 원을 견적했다. 생각보다 너무 높은 금액이었다. 전에 살던 분께 우리집이 겨울에도 두 달 정도 저녁에만 난방을 할 정도로 따뜻한 남향이라는 말을 들었기 때문에 그렇게까지 할 필요가 없다 생각했다. 목공작업을 하면서 단열도 같이 진행하는 분들도 많아서 목공에 단열 공사도 의뢰하기로 했다. 베란다 벽과 천정, 안방 외벽에 단열을 하기로 범위를 정했다.

여러 가지가 좋고, 중요한 하나가 아쉽다.

목공과 전기를 따로 의뢰할까 했는데, 전기 기사님은 목공 전에도 오고, 목공 후에도 온다고 했다. 내 상상력으로는 두 공정의 동선이 겹쳐서 복잡해질 것 같고 그 동선을 내가 잘 정리할 수 없을 것 같았다. 그럴 때 눈에 들어오는 업체가 있었다. 목공과 전기 시공을 같이 할 수 있는 업체였다. 인테리어 후기도 좋았고, 통화할 때도 친절할 뿐 아니라 어떤 작업이 이루어지는지 명료하게 설명해주어 신뢰가 갔다. 실제로, 천장이 내려앉은 것 같다는 내 걱정에 바로 와서 현장에서 점검도 해주셨다. 세 공정의 순서와 서로 소통해야 할 내용이 내가 개입하지 않아도 알아서 조정이 되니까, 턴키로 의뢰하는 분들의 평화로움을 얻을 수 있겠다 싶었다. 한 가지 맘에 걸리는 것은 이 업체의 경우 목공이나 전기 공사를 일당으로 계산하지 않고 공사 내용을 건건으로 계산해서 견적을 내었다. 그렇게 되면 일당보다 비용이 증가하고, 배선을 하나라도 더 연결하는 등 작은 작업에도 추가 비용이 계속 들게 되었다.

하지만 '세 공정을 한 분께'라는 매력적인 조건을 쉽게 포기할 수가 없었다. 목공, 전기를 같이 하는 업체로 결정하고 작업을 진행하였다. 우려한 대로 추가 비용의 부담은 꽤 압박이 있었다. 공사를 시작하면 새로운 상황이 계속 발생하게 되고 현장에 있으면 필요한 부분에 대한 아이디어가 계속 생겼다. 일당으로 계산하는 상황이었다면 하고 싶은 것을 마음껏 말씀드릴 수 있을 것같아서 아무래도 주저함이 있었다. 보일러 조절기의 이설과 비디오 박스 만들기 등은 예상하지 않았던 공정이었지만 필요했기 때문에 진행했다. 꼭 진행하지 않아도 될 공정 중 제일 망설였던 것은 복도등을 3로스위치*로 할까 말까였다. 얼마 안 되는 거리이긴 하지만 복도 등을 거실에서도 켜고 현관에서도 켤 수 있게 하면 좋을 것 같았다. 그런데 스위치의 길이에 따라 추가금액이 늘어나니 부담스러워졌다. 평소라면 7, 8만 원 정도 되는 금액은 지불하자 생각할 수도 있었지만, 그때는 추가금액이 자꾸 발생하게 되니까 망설이게 되었고 결국은 포기했다. 다행히 살다 보니 현관 센서 등으로도 충분히 복도까지 밝힐 수 있는 좁은 집이서 후회되는 일은 아니었다. 하지만, 공사 끝날 때까지는 '할 걸......' 하는 생각이 맴돌았다.

* 3로 스위치는 한쪽 방향에서만 전등을 제어하는 단로 스위치와는 달리 양쪽 방향에서 스위치로 전등을 제어할 수 있다.

목공, 전기 작업 스케치.

작업 전 날 의뢰할 내용을 꼼꼼하게 정리했다.

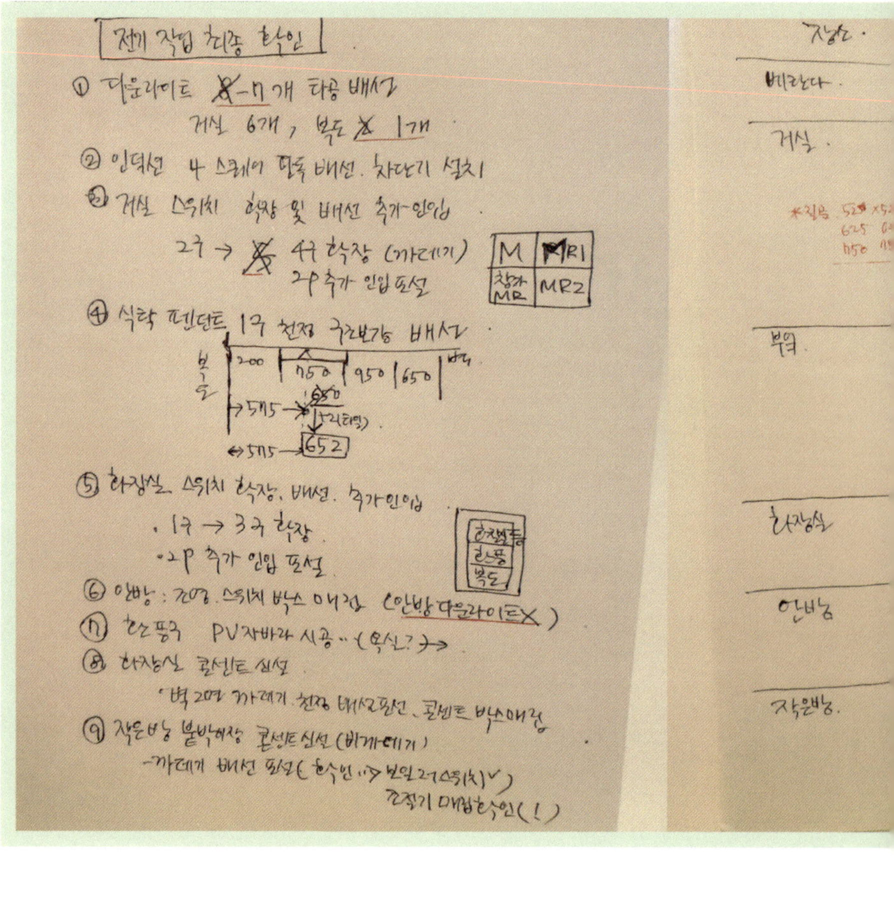

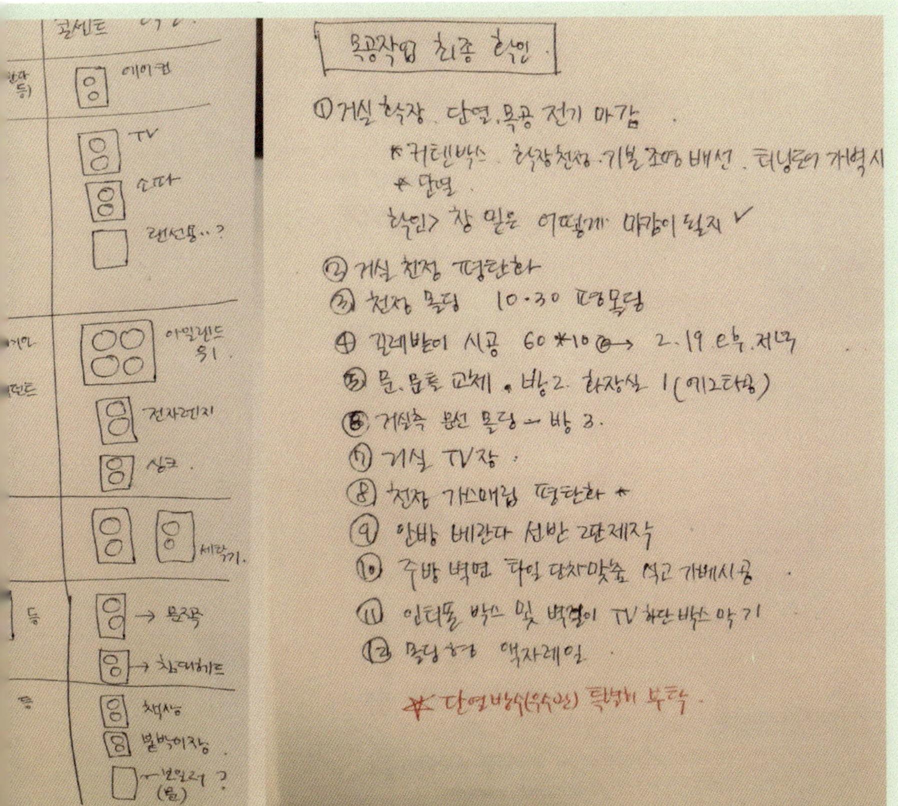
목공작업 최종 확인
① 거실 확장, 단열, 목공 전기 마감
* 커텐박스, 확장천장, 기본조명 배선, 터닝도어 개폐시
* 단열
확인> 창 밑은 어떻게 마감이 될지
② 거실 천장 평탄화
③ 천장 몰딩 10·30 평몰딩
④ 걸레받이 시공 60*10
⑤ 문, 문틀 교체 방2, 화장실 1
⑥ 거실측 몰딩 - 방 3.
⑦ 거실 TV장
⑧ 천장 평탄화
⑨ 안방 베란다 선반 2판제작
⑩ 주방 벽면 타일 단차맞춤 석고 가벽시공
⑪ 인터폰 박스 및 벽면 TV 하단박스 막기
⑫ 몰딩형 액자레일
* 단열방식(우수안) 특별히 부탁
에어컨
TV
소파
전자레인지
싱크
세탁기

실측하면서 팀장님과 같이 정리한 내용이기 때문에, 최종 확인만 하면 될 줄 알았는데, 공사 당일 현장에서 다시 체크해 보니 화장실 콘센트의 위치 바꾸기, 욕실 환풍구 연결, 보일러 조절기 옮기기 등 새로 생긴 작업들이 있었다.

목공, 전기 공사는 3일 동안 진행됐다. 어마어마한 장비로 세팅된 집에서 작업이 시작됐다. 스위치나 콘센트 위치를 바꾸는 작업을 일명 '까대기'라고 하는데, 이 작업도 엄청난 소음이 발생한다. 또 다시 계단 생활. 감사하게도 민원은 없었다. 3일 동안 했던 작업은 다음과 같다.

(1) 천장 보강 작업

(2) 베란다, 큰방의 단열 작업

(3) 문, 문틀 공사

(4) 스위치, 콘센트 이설 공사, 조명 타공

전기와 목공 공정을 마치고 나니 인테리어를 준비하는 사람들에게 해주고 싶은 이야기가 생겼다. 먼저, 콘센트 위치나 스위치 위치는 꼭 가구의 위치까지 생각해서 정해야 한다는 것이다. 전기 공정이 끝난 후에 책장 설치 때문에 작은 방 스위치를 5cm 정도 문쪽으로 이동하는 작업을 따로 했더니 비용이 4배가 들었다. 두 번째는 전기와 목공의 분리 발주도 겁내지 않아 된다는 것이다. 작업을 끝내고 보니 복잡한 공정이 아니었다. 철거가 끝난 다음 전기 기사님께서 미리 스위치나 콘센트 작업을 하고, 조명을 달 위치에 배선을 빼놓거나 타공을 해 놓으면 목공과 동선이 겹치지 않는다는 것은 시간이 지난 다음에 알았다. 마지막으로 사소한 것인데 목공 공사를 하기 전에 방문 손잡이를 미리 구입해야 한다는 것이다. 디자인이 괜찮은 것을 사려고 했는데 잡아보니 다른 것이 손에 착 감겼다. 문고리는 직접 잡아보고 사는 것이 좋다.

3일간의 공사는 모든 게 완벽하게 끝났다. 비용만 빼고.

가구 하나를 만들다.

느닷없는 가구 제작

몸을 쓰시는 분들 옆에 있으려니, 나도 몸이 근질근질. 망치도 들어보고 싶고 흙손을 들고 미장도 한 번 해 보고 싶었다. 매일 아침 일찍 나와서 땀 흘리는 분들을 보니 삶의 에너지가 느껴져서 그랬을까? 하루를 보낸 만큼의 진척이 눈에 보이기 때문에 옆에 있으면 정말 멋지다는 생각이 절로 날 수밖에 없었다. 전기 배선을 몇 개로 나누는 일은 크게 어려워 보이지 않아서 나도 할 수 있겠다는 생각도 들었다. 물론 마음만 이렇다는 이야기. 전선을 잘못 만지다가는 감전된다는 정도는 나도 안다. 뭐라도 해보고 싶다는 생각을 하다가 '나무'를 다루는 목공의 우팀장께 물어보았다. '가구도 만들어 주실 수 있으신가요?'하니 가능하다는 답변. 와!!! 재밌는 건수가 생겼다. 신나고 마음이 분주해졌다.

이사하면서 가구를 새로 살 생각은 없었다. 큰 방과 작은 방에 붙박이 가구를 만들어 수납을 최대한 확보하고, 나머지는 이전 집에서 가져와도 충분히 괜찮을 것 같았다. '뭘 만들지?' 생각하다가 TV장으로 결정했다. 그 전 집에서 TV장으로 쓰던 작은 책꽂이는 폐기해도 될 만큼 우리집에 오래 머물렀고, 보기에도 낡아서 결정하는데 오랜 시간이 걸리진 않았다. 원하는 디자인과 어떤 나무를 쓸 것인지만 결정하면 된다.

드디어 우리 집에 자작나무 가구가 들어온다.

자작나무 합판으로 만든 가구나 벽체들은 항상 내 눈길을 끌었었다. 연한 나무 빛의 평면에 층층이 쌓인 단면이 드러나는 자작나무 가구들은 깔끔하게 디자인되어 공간에 여백을 주면서도 쓸모를 다 하는 모습으로 기억됐다. 만약에 우리 집에 무엇인가 가구를 만든다면 오래 고민할 필요가 없었다.

"자작나무 합판으로 만들어 주세요."

그 다음은 디자인. 텔레비전이 크지 않기 때문에 상판을 지나치게 크게 할 필요는 없었다. 높이는 소파에 앉아서 보기 좋은 정도면 됐는데, 전에 책꽂이를 놓고 썼을 때 적당했기 때문에 그대로 맞추면 됐다. 수납은 두 칸으로 해서 텔레비전 셋탑박스를 놓게 하고, 아래 부분은 답답할 수 있으니까 비워서 벽이 보이게하는 게 좋겠다. 나름대로는 복잡한 고민 끝에, 원하는 것을 최대한 넣어서 디자인해서 드렸다. 아주 단순한 그림이었다.

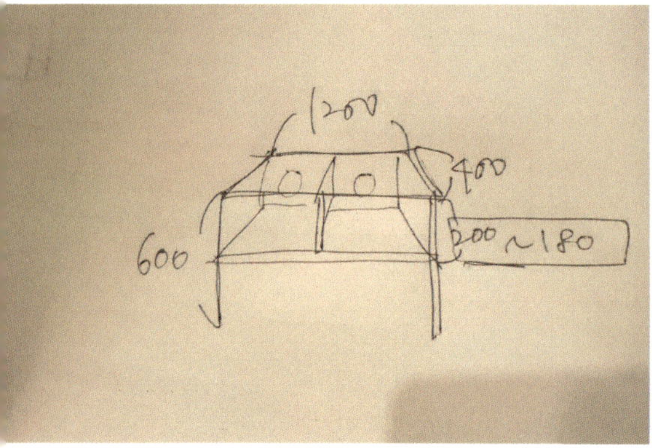

목공 마지막 날에 만나게 된 실물은 깔끔 그 자체. 색이 뽀얗고 단아한 것이 딱 마음에 들었다. 전선을 위한 타공은 아래쪽으로 옮겨서 뚫었다. 우 팀장님은 여기까지 하고, 나머지는 내가 할 수 있는 일. 샌딩 3회, 바니쉬 3회를 하면 완성이었다!

남은 공사 기간 동안, 큰 방, 베란다, 거실을 오가면서 TV장은 자리를 바꿨고, 틈날 때마다 샌딩작업과 바니쉬 칠하는 작업을 했다.

액자들도, 셋탑박스도, TV도 제자리를 잡았다.

이사한 후에 거실에 TV장이 제자리를 잡았다. 셋탑박스의 높이를 측정하여 설계했기 때문에 높이가 딱 맞았다. 콘센트를 연결한 멀티탭은 뒤로 빼고, 갈 곳을 잃었던 작은 액자들을 쭉 전시했다.

내 손이 닿은 가구 하나가 주는 충만함은 생각보다 컸다. 다른 사람들이 어떻게 볼지 모르겠지만, 어마어마하게 아름답고 멋진 다른 TV장도 많지만 집의 분위기와 사는 이를 잘 담아낸 가구로는 이게 최고다.

07:25

불꽃이 튄다!

-방화문 수리 작업

현관문이 고장 났다.

공사를 진행하면서 예상치 못한 상황이나 작업이 생기는 것은 당연하다고 생각했다. 하지만 현관문을 고치는 일은 생각하지도 못했다. 공사 후기들을 봐도 현관문에 대해서는 필름을 붙일지, 칠을 할지를 선택하는 이야기들은 볼 수 있었지만, 현관문을 수리할지 교체할 지에 대한 고민은 찾아보기 힘들었기 때문에 미리 학습이 되지 않은 영역이었다. 92년에 지어진 집이라는 점을 생각한다면 사실, 어떤 일이 일어나서 크게 놀랄 일은 아니었다. 또 올 게 왔다.

공사 첫날부터 현관문을 열 때마다 삐걱거리고, 잘 열리지 않아서 살짝 드는 느낌으로 열어야 했다. 각 공정의 분들께 어떻게 해결해야 하느냐 물어볼 때마다 전문가가 있다고, 그쪽에 문의해야 한다고 하셨다. 목공이 끝날 즈음 팀장님께 한 번 봐 달라 부탁했더니, '전문가가 해야 할 텐데'라고 하면서 손을 대셨다. 그런데 바로 위쪽 경첩이 빠져서 문이 아예 닫히지 않는 상태가 되어 버렸다. 무리한 부탁을 한 내 잘못이기 때문에 염려 마시라 하고 팀장님을 보내드렸다.

'현관문 수리'를 검색해 봤다. 현관문이 '방화문'이고 아무나 수리할 수 없다는 내용, 아파트의 경우 관리실에 문의해야 한다는 내용 등이 검색됐다. 관리실에 전화했더니 연결이 안 되었고 생각해보니 지은 지 너무 오래되어서 연결되어 있는 업체도 없을 것 같았다. 다시 검색해서 '서울, 경기 방화문 수리'를 한다는 업체 한 곳을 찾을 수 있었다. 전화가 겨우 연결됐는데 다음날 방문할 수 있다 하셨다. 당장 목공사가 마무리된 집을 열어놓고 갈 수도 없어서 시간 조정이 안 되겠냐고 여쭤보았다. 한참 후 오후에 방문하겠다는 답변을 받았다. 궁하면 통한다! 원래 업체를 선정할 때 이리저리 알아보는 편이었지만 이 경우엔 오시는 분이면 무조건 환영할 수밖에 없는 상황이었다.

한 고비를 넘다.

오후에 문을 고쳐주실 천 과장님이 오셨다. 살펴보더니 너무 오래된 문이어서 생긴 문제라면서 이왕 전체 리모델링을 하는 것이라면 방화문도 바꾸는 게 어떻겠냐고. 비용이 백만 원 정도 들어도 바꿀 가치가 있다고 판단이 됐지만, 미장과 천장 공사가 다 끝난 후여서 어쩔 수가 없었다. 조금이라도 오래 쓸 수 있게 신경 써서 수리해 달라고 부탁을 하는 수밖에.

수리가 시작되었다. 엄청난 용접 장비가 등장했고, 말 그대로 '불꽃이 일고', '쇠를 가는' 작업이 시작됐다. 한 시간이나 땀을 뻘뻘 흘리면서 일을 하는 과장님의 모습에 또 마음이 찡했다. 나이를 먹어서 그런가? 사람들이 사는 모습을 가까이에서 보면 자주 울컥한다. 일을 시작하신 지 4년. 얼마나 많은 문 앞에서 저렇게 힘을 들이며, 힘을 내며 살아온 것일까? 그 성실함과 땀의 결과로 나에게 또 쓸 수 있는 '문'이 생기는구나 생각이 들었다.

문수리를 끝내고 과장님은 '2년은 더 쓸 수 있겠어요' 하면서 가셨다. 2년 후의 일은 2년 후에 걱정해야지. 또 한 고비를 넘었다.

방화문을 새로 제작하려면 10일이나 걸리고, 벽에 손상이 생긴다. 혹시 현관문을 교체해야 한다는 판단이 들면 반드시 미리 공사일정을 조정해야 한다.

눈물과 웃음의 대서사

타일에서 마루로 바닥공사를 변경하다.

그러다가 또 하나의 길을 택했습니다.
먼저 길과 똑같이 아름답고,
아마 더 나은 듯도 했지요.

집을 고치면서 꼭 하고 싶었던 것 중 한 가지는 바닥을 타일로 하는 것이었다. 무광의 타일을 거실과 방에 깔고 따뜻한 느낌을 주는 러그를 깔아 놓으면 집이 모던하면서도 포근할 것 같았다. 600각* 타일로 깔기엔 집이 너무 좁지 않을까 걱정했다. 하지만, 유튜브에서 우리집만한 작은 아파트에 타일을 깔고 나무 느낌의 소품으로 꾸민 집을 보니 충분히 괜찮을 것 같았다. 집에 아이가 없으니 굳이 장판을 깔지 않아도 될 것이고, 습기와 긁힘에 약한 마루도 피할 수 있으니 얼마나 좋냐면서 비용이 올라가는 것쯤은 감당할 수 있었다. 두말할 것 없이 '바닥은 타일!'이었다.

눈이 팽그르르 돌아간 타일 쇼핑!

타일을 고르러 논현동에 두 번 방문했다. 처음엔 유튜브에서 본 영상에서 좁은 집을 넓게 보이게 했던 타일을 직접 확인하기 위해서였다. 타일이 좀 얇고 차가워 보였지만 대신 넓어 보일 수 있겠다 싶었다. 거실 바닥만큼이나 꼭 하고 싶었던 타일 인테리어는 아일랜드 옆 벽을 100각 화이트 타일로 채우는 것이었다. 귀엽고 따뜻한 분위기도 만들고 거실과 부엌을 구분해 주는 역할도 할 수 있을 것 같았다.

두 번째 논현동에 갔을 때는 타일을 결정해야 하는 시기였다. 유로 세라믹 서대리님이 설명을 해주셔서 도움이 되었다. 원하는 스

* 인테리어 공사를 할 때에는 길이 단위를 mm로 한다. 600각 타일은 가로, 세로 600mm인 타일을 의미한다.

타일은 이미 마음에 정해왔다. 거실 바닥은 환한 600각 포세린 타일로, 주방은 100각 화이트 타일, 그리고 욕실은 600각 포세린 타일로 돌 느낌이 나게 해서 일반적인 주택 화장실과는 차이를 두고 싶었다. 매장을 돌아보면서 눈에 들어오는 것들을 바닥에 깔아 보기도 하고, 상상해 보기도 하면서 타일을 결정했다.

타일선택하기

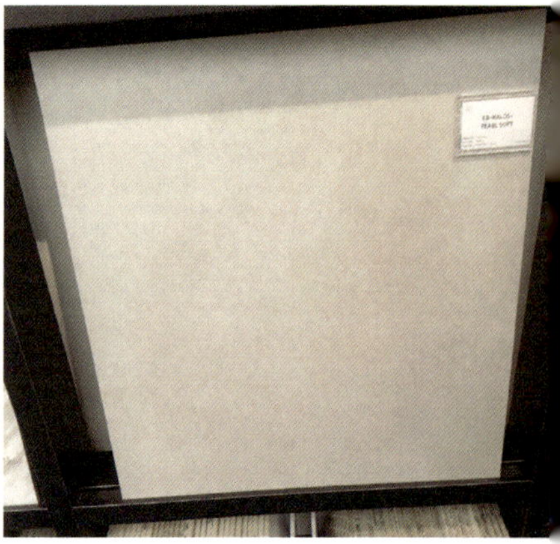

거실 타일은 유행이라는 화이트 마블, 450*900의 연 그레이 색에 잔잔한 무늬가 있는 타일을 추천받았는데 집이 좁아 보일 것 같아 선택지에서 뺐다. 여러 타일을 보다 보니 좋은 타일이 눈에 들어오기 시작했다. 중국산이나 국산에 비해 수입 타일은 세 배 정도 비싸서 망설여졌지만, 바닥은 집을 팔 때까지 절대 바꾸지 못할 것이니 좋은 것을 하자 생각했다. 결국 스페인산의 따뜻한 회색빛 타일로 결정했다.

주방 타일은 흰색 100각 타일로 하기로 해서 큰 고민이 없을 것이라 생각했는데 결정이 쉽지 않았다. 유광도 있고, 무광도 있고, 중국산도 있고, 영국산도 있다. 비싼 영국산을 싱크 쪽에 하고, 식탁 벽을 중국산으로 할까 봐요 했더니 100% 다른 게 티가 난다고 했다. 고민 고민하다가 윤현상재에서 본 타이포 화이트로 결정했다.

집 전체를 화이트 인테리어로 잡았으니 현관도 밝은 분위기로 찾아보았다. 현관 타일로 연한 마블과 조각을 붙인 듯한 느낌의 테라조 타일 두 개 중에서 고민하다가, 인상적인 큰 테라조 조각 무늬의 타일로 결정했다.

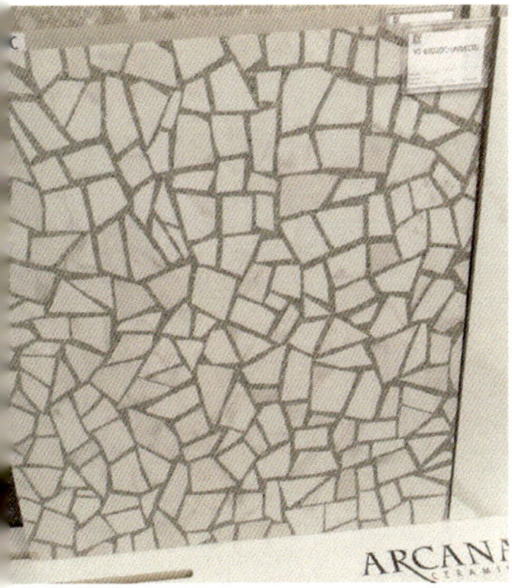

인테리어 카페를 통해 알게 된 분께 솜씨가 좋으신 타일 사장님을 소개받고 섭외해 놓은 터라 든든한 상태여서 그랬는지 타일을 결정한 것만으로도 마음이 붕 떠올랐다.

꿈은 안 이루어진다.

꿈은 현실에서 쉽게 이루어지지지 않기 때문에 꿈인 것이었나 보다. 타일 공정에서 운은 나를 비껴갔다. 결론부터 말하자면 거실 바닥을 타일로 하려는 나의 꿈은 안 이루어졌다.

스무 살 때부터 타일작업을 해 오신 한 사장님은 베테랑 중에 베테랑이시다. 목공이 시작되기 전에 타일 주문량과 기타 부자재 구입량을 확인하기 위한 실측을 오셔서 1차 점검을 했고, 나는 사장님이 실측한 헤베*로 타일을 주문했었다. 꼼꼼하게 일하시기로 소

* 헤베는 1m*1m에 해당하는 면적을 말한다.

문난 분답게 수평계와 줄자를 들고 이전에 계산한 헤베가 맞는지 확인하시러 목공 작업 중에 다시 실측을 오셨다.

"어? 사모님 이리 와 보세요!"

'왜요?' 웃으며 다가간 나는 청천벽력 같은 소리를 들었다.

"바닥 중 제일 높은 곳과 제일 낮은 곳이 단차가 5센티가 나요. 거

기다가 수평을 맞춘다고 시멘트를 깐 다음에 타일까지 얹으면 낮은 곳은 8센티가 높아지고 아마 베란다 쪽은 바닥이 위로 올라오게 될 거예요. 아무래도 타일 깔기가 어려운 집이네요. 게다가 작은 방은 3센티나 수직단차가 있어요"

나란 사람은 특별히 바라는 게 별로 없는 사람이라고 생각했다. 그런데, 집 고칠 때도 '심플하게' 정도를 컨셉으로 잡았어도 이상하게 거실 바닥을 타일로 꼭 하고 싶었다. 좋아하는 타일을 찾으면서 견적이 올라올라 가는 중에도 '좋겠다' 하면서 기대하고 있었는데, '집' 자체가 타일을 거부하는 사태가 발생한 것이다. 느닷없고 난데없는 일.

'그럼, 저번에 처음 실측 오셨을 때 레벨기로 확인했으면 좋았잖아요, 타일을 고르러 가지 않아도 됐고, 다른 대안을 미리 찾아봤을 텐데......' 서운한 생각에 원망하는 마음이 생겼다. 시공을 이틀 앞둔 시점에서 뭘 어떻게 해야 할지 판단이 잘 안 섰다.

의논을 해 보았다. 당장 이틀 후가 타일 시공이어서 부자재도 발주해야 하는 상황. 방법은 세 가지였다.

첫 번째는 집의 단차를 잡기 위해서 시멘트로 몰탈하는 방법이었다. 시멘트를 양생 하는 기간은 2~3주 정도가 걸린다. 빨리 마르는 시멘트로 시공하면 되는데 재료값만 130만 원 정도가 들어 총시공비는 200만 원 정도가 추가되는 방법이었다.

두 번째는 몰탈로 단차를 없애는 것을 포기하고 최대한 시멘트로 단차를 최소화하면서 타일 공정을 진행한다. 하지만 600각 타일이기 때문에 단차로 인한 표면의 어긋남은 감내해야 한다.

세 번째는 타일을 포기하고 마루로 하는 것이었다. 마루로 변경해도 작은 방 단차가 해결되지 않는 최악의 상황이라면 만들었던 없앴던 방문의 턱을 새로 만들고, 새로 만든 문의 아래 부분을 자르고 마감한다.

또 결정을 해야 할 시점

한 사장님을 소개해 준 인테리어 업체 분께 상황을 말했더니, 시멘트 양생에 2~3주까지는 걸리지 않는다면서, 양생을 최대한 하고 그냥 타일을 시공한 후에 차차 말리면 되지 않냐 하셨다. 양생을 잘 하지 않으면 바닥이 갈라질 수도 있다고 했다고 했기 때문에 그건 좋은 방법 같지 않았다. 시멘트로 단차를 맞출 만큼 몰탈을 하면 보일러와 표면이 너무 멀어져서 난방도 더딜 것이라는 말에 가슴이 답답해졌다. 어떻게 해야 할까.

바닥의 레벨이 이렇게 중요한 것인지는 경험을 하고 나서야 알 수 있었다. 옛날 집은 이런 경우가 종종 있다는 위로의 말들도 귀에 들어오지 않았다. 최대 난관에 봉착했고 잘 해결될 수 없을 것 같았다.

마루로 가자!

타일로 바닥을 하기로 결정하고 마루 업체는 알아보지도 않았다. 문제가 생긴 그날 밤에 급하게 마루를 잘한다는 업체에 전화해서 사장님과 통화를 했다. 상황을 말씀드리고, 마루로 단차를 잡을 수 있을까 문의했더니 다음날 바로 실측을 나오시겠다고 했다. 구세주를 만난 기분. 실측한 결과, 작은 방과 거실의 단차는 목공의 부자재를 활용해서 최대한 티가 안 나게 잡아보겠다고 하셨다. 공사 일정도 하루면 되고, 거실 바닥을 타일로 하려고 공사 기간을 충분히 잡았기 때문에 일정 변경도 필요 없게 되었다.

그렇다면 공정 자체는 자연스럽게 진행될 수 있는 상황. 주문한 거실 타일을 취소하고, 나머지 타일 공사에 맞게 부자재를 주문했다. 그럼, 남은 것은 나를 설득하는 일.

[마루가 좋은 점]

* 시공 후 맨발로 다녀도 발이 아프지 않다. 타일은 발바닥이 아파서 꼭 실내화를 신어야 한다고 했다.

* 거실을 마루로 하면 200만 원 정도 예산이 절감된다. 거실 타일을 비싼 것으로 결정했기 때문에.

* 마루로 하면 따뜻하고 포근한 집 분위기가 연출될 수 있다. 벽을 전체적으로 페인트 느낌의 화이트로 갈 것이기 때문에 마루는 목재의 질감을 주는 게 좋을 수 있다. 대신, 되도록 누런 빛이 나지 않는 마루 색으로 잘 찾으면 된다.

* 마루로 시공하면 목공에서 걸레받이를 하지 않아도 된다. 예산이 또 절감되고 목공 작업이 확실히 마무리가 된다.

마루로 결정하면 좋은 점은 생각보다 많았다. 다시 생각해보니, 마루가 최선이었던 것 같기도 하다. 하하하

해피엔딩!

목 공정이 끝나고 마루를 시공했다. 바닥을 한 번 고르게 하기 위해서 샌딩을 했고, 나중에 마루를 시공하러 오신 분은 박 팀장님이시다. 단차가 커서 고생하겠다는 내 말에

"그냥 하는 거죠. 매일 하는 일인데요 뭐."

짧고 굵은 답변. 리액션은 좀처럼 없으셨다. 또 신뢰가 간다. 다 되

어간다는 연락을 받은 것은 세 시 쯤. 집이 좁으니 혼자서 뚝딱 다 금방 끝내셨다. 마무리하는 모습을 보니 솜씨가 대단하신 것을 나도 알 정도였다. 코너 마감을 하는데 아주 작은 차이도 그냥 넘어가지 않으신다.

마루 사장님의 실력은 나중에 에어컨 배관을 연결해주시는 분들이 왔을 때 또 확인되었다. 마감이 굉장히 깔끔하다고, 이렇게 마감을 해 주는 집은 좀처럼 볼 수 없다고. 게다가 셀프인테리어의 경우엔 매우 드물다고 하셨다. 박 팀장님도 시간이 지난 후에 더 감사한 마음이 드는 좋은 작업자셨다.

가지 않은 길

'나는 서운한 마음으로 한참 서서/잣나무 숲 속으로 접어든 한쪽 길을/끝 간 데까지 바라보았습니다.//그러다가 또 하나의 길을 택했습니다. /먼저 길과 똑같이 아름답고,/아마 더 나은 듯도 했지요./풀이 더 무성하고 사람을 부르는 듯했으니까요.

-로버트 프로스트, '가지 않은길 ' 중에서'

결국 타일로 바닥을 깐 집은 나에게 '가지 않은 길'이 되었고, 가려고 생각하지 않았던 마루 바닥의 길을 걷게 되었다. 타일 바닥만큼이나 똑같이 아름답고 나아보이는 우리집의 거실. 다만, 나에게 있을 '다음 집'에서는 꼭 한 번 타일로 바닥을 한 거실을 시도해 보고싶다.

취향과 기호가 반영된 공간
-욕실, 베란다, 주방 타일 공정

기초 작업은 '제대로' 하는 게 중요했다. 공사의 후반기로 가면서 점점 더 취향과 기호를 반영할만한 여지가 많아졌다. 내가 원하는 것은 무엇인가? 이 작은 집의 주방은 깔끔하면서도 세련되었으면 좋겠고, 욕실은 쾌적했으면 좋겠다. 베란다는 큰 방에서 누웠을 때 보기 좋게, 적어도 천장에 건조대를 달지 않아서 하늘을 가리지 않게 하고 싶었다. 타일의 한 사장님과 의논하면서 세 공간의 공정을 진행했다.

호텔 분위기의 욕실이면 좋겠다.

여행을 가서 호텔에 있을 때는 있으면 기분이 좋다. 누군가가 잘 가꾸어 놓은 공간에 몸만 딱 들어가서 즐기는 느낌. 호텔하면 간접등, 벽등이 생각난다. 그 중에서도 한 가지 톤으로 구성한 타일과 건식 욕실은 우리 집에 구현하고 싶었던 것이다

욕실 타일은 600각의 돌 느낌이 나는 큰 타일로 결정했다. 집 구조상 욕실에 세탁기가 들어가야 해서, 비교적 넓은 화장실이었지만 구성하는 데 어려움이 있었다. 건식으로 만들기 위해 샤워 부스를 설치해야 하는데 세탁기 자리를 고려하면 벽에 벽돌을 한 칸 정도 더 쌓은 후에 타일을 붙여야 했다. 샤워부스를 만드는 몇 개 업체에 전화해서 '니은'자로 샤워부스를 만들어 줄 수 있나를 문의하여 가능하다는 업체를 정해서 의뢰했다.

욕실 도기의 브랜드는 하나로 통일하기로 했다. 따로 주문하는 것이 번거롭기도 하고 특정 욕실 브랜드에 대한 취향은 따로 없었다. 많은 사람들이 선호하는 것은 이유가 있겠지 생각하면서 아메리칸 스탠다드의 세면대와 변기로 정하고, 수전도 같이 구입했다. 인터넷에서 구매하는 것이 가장 저렴했다. 혹시나 배달과정에서 사고가 있을까봐 퀵으로 배송을 받았다.

젠다이 상판과 현관 문턱은 대리석으로 하기로 하고, 배수구 덥개는 샤워부스 쪽에는 긴 것으로, 세면대 쪽은 금색의 정사각형으로 구매했다. 욕실 장은 천장을 조금이라도 높게 보이게 하고 싶어서 길이를 650mm, 비교적 짧은 것으로 주문하고, 내부 색상은 나무 무늬로 했다. 어떤 무늬 일지 살짝 걱정이 되었지만 흰색과 검은 색보다는 낫겠지 싶었다.

도기 세팅은 한 사장님께서 소개해 주셔서 욕실 세팅만 전문적으로 하시는 분들을 의뢰했다. 거실에 쌓아놓은 욕실 관련 물품들이 하나씩 설치되는 모습이 역시 전문가 포스. 세 분이 한 팀이 되어 작업하시니 금방 재미있게 끝내셔서 보는 마음도 좋았다. 조명은 주백색 다운라이트 4인치로 세면대, 샤워부스, 문 앞에 달아서 따뜻한 분위기를 만들었다.

개성 있는 베란다

베란다 창이 큰 방의 창보다 작아서 방에서 베란다 벽이 보였다. 그전에 곰팡이가 생긴것을 봤기 때문에 '또 그런 일이 생기면 곤란한데'하고 걱정하고 있었다. 흰색으로 칠하자니, 너무 밋밋했다. 친구가 예쁜 타일을 붙여보는 게 어떻겠냐고 제안했다. 좋은 생각! 한 사장님께 말을 했더니, 도기질 타일은 결로가 생길 수 있는 베란다 벽에 적당하지 않다고 하셨다. 꼭 하고 싶으면 자기질 타일로 하라고. 그때 현관 타일이 눈에 들어왔다. 타일 가게에서 본 것보다 시공한 결과가 훨씬 산뜻해서 만족하고 있던 터. 흰색과 회색이면 집 전체 톤과도 어울렸다. 마침 욕실의 600각 타일도 자투리 타일의 활용도가 낮아서 추가 주문이 필요했던 상황. 현관 타일을 같이 주문 했다.

베란다 벽과 바닥을 현관 타일로 연결했더니, 시원하고 개성 있는 베란다가 완성되었다. 방안에 누워있는 것을 좋아하는 나로서는 베란다 천장에 건조기가 있는 것이 좋지 않았다. 입식 건조기를 두 개를 사더라도 천장 건조기는 설치하지 않기로 했다. 누웠을 때 파란 하늘이 보이는 우리집 베란다가 참 좋다.

깔끔하고 세련되면서도 포근한 주방, 가능할까요?

주방 타일은 전부터 100각 타일로 결정. 시공비용이 더 들긴 하지만 귀엽고 따뜻한 분위기를 포기할 수는 없었다. 나아가서 아일랜드 옆 벽도 가득 100각 타일로 하기로 했다. 식사할 때, 그리고 거실에서 부엌 쪽을 볼 때 다른 느낌을 주고 싶었다.

타일은 매지가 중요하다. 연회색으로 할지, 흰색으로 할지 고민하다가 흰색으로 하기로 했다. 연회색이 100각 타일의 느낌을 더 살릴 수는 있지만 공간을 좁게 느끼게 할 것 같았다. 타일과 같은 흰색으로 하면 조명에 따라서 다양한 느낌을 주는 은은함도 가질 수 있을 것 같았다. 결과적으로는 딱 맘에 드는 주방의 분위기가 완성

되었다.

하얗고 사랑스런 벽이 완성되니 식탁과 싱크대 옆 벽이어서 더러워질까 걱정이 됐다. 흰색에 색깔이 있는 무언가가 묻으면 속이 상할 것 같았다. 거실의 타일을 포기하고, 마지막 남은 나의 로망인 흰색 백각 타일. 큰 마음을 먹고 줄눈 시공을 주방까지 하기로 했다. 맘 편한 게 최고!

우리 동네 전문가

면을 다듬고, 코너에 날을 세운 도배 작업

얼굴만 봐도 묵직하고 차분한 이미지를 가진 도배 사장님을 뵈었다. 도배 일주일 전, 퍼티 작업을 하러 오셨다. 지어진 후 한 번도 수리를 하지 않은 집이다. 오는 사람마다 도배지가 두껍다 말을 했다. 세네 번 겹쳐서 도배해서 무거워진 벽을 보면서 30년 된 벽지가 남아 있는 게 싫어서 일하시는 옆에서 벽지를 조금씩 뗐다. 그런데 사장님이 그냥 두라고, 내가 하는 게 일 만드는 거라고 하시는 거다. 제대로 떼려면 품이 더 들고 어느 정도 떼다 말면 벽이 더 너덜너덜 해진다고, 도배가 다 끝나고 이상한 부분이 있으면 그때 얘기하라시며 엄한 목소리로 말하셨다. 끝나고 얘기하자는 사장님이 무섭긴 하지만 신뢰가 갔다.

우리 동네의 전문가와 작업하다.

처음엔 무몰딩 도배를 하려고 했다. 몰딩이 없으면 페인트를 칠한 것처럼 깔끔하게 도배가 된다고. 인터넷에서 유명하신 분께 문의를 했는데, 비용이 일반 도배보다 훨씬 비싸서 망설이는 사이에 예약 일자를 놓쳤다. 비용을 아끼려는 셀프인테리어들은 을지로의 유명한 도배 가게와 전문가들의 연락처를 공유하고 있었다. 하지만, 도배의 경우 나중에 잘못되든지 부분 시공을 할 수도 있어서 기술자를 찾아보자 생각했다.

집 주위의 도배 가게를 돌아보다가 가장 전통이 느껴지는 간판의 도배 집을 찾아갔다. 사모님으로 보이는 분이 (이 분은 정말 사모님이 맞았다) 반겨주셨다. 사장님은 작업을 나가셨다고 하셨다. 실크도배로 도배 견적을 문의했다. 을지로보다 비싼 것은 당연했지만, 인터넷에서 유명한 고급 도배 업체의 견적과도 비슷했다. 어쩌지 생각하다가 여쭤보았다. "사장님은 꼼꼼하신가요? 제 성격이 여간 깐깐한 것이 아니어서 조금이라도 잘못되면 계속 재시공을 요구할 텐데 괜찮을까요?"

사모님은 웃으면서, 사장님이 정말 꼼꼼하니까 아무 걱정 말라고. 오히려 사모님이 대강하라고 해도 안 통하는 분이라고 하셨다. 그렇다면 그냥 이 분들께 맡기자 생각했다. 조금도 에누리하지 않고, 처음 말씀하신 견적으로 진행해 달라고 했다.

정중하게 대우하라.

도배사장님은 우리 집 앞 학교 출신이고 우리 아파트가 세워지기도 전에 4동 자리에서 하우스를 치고 사셨다고 했다. 당시엔 등기 없는 땅들이 많았다고. 사장님네는 이주비 200만 원을 받고 살던 집을 나오셨고, 당시 조합장들은 집을 세, 네 채씩 분양 받았다고했다. 그 당시에 아파트 마감에 들어갈 돈들이 누군가의 주머니로 가면서 결국 2020년부터 내가 살 집의 벽들이 엉망이 되었다는 이야기. 담백하게 당시 이 동네 이야기를 하시는데, 당사자도 아닌 나는 들으면서 신기하기도 하고, 화도 나고, 시대가 한심하기도 했다.

사장님은 이 동네는 손바닥처럼 잘 알고 있다고 하셨다. 우리 집처럼 낡은 집은 면이 고르지 않아서 퍼티 작업 할 곳이 많을 수밖에 없고, 마른 다음 도배해야 그다음 도배가 잘 된다고 설명하셨다. 그제서야 시간을 내서 일주일 전에 오셔서 작업하신 것이 이해됐다. '도배를 오래 한 사람들은 기술이 부족한 것이 아니다'라며, 무조건 싸게 싸게만 하려고 하니 잘하고 싶은 마음이 생기지 않는 것이라고 하시는데 당연히 공감이 되었다. 견적을 깎지 않고 제대로 시공해달라는 내 요구가 사장님께 정중한 태도로 전달된 것 같았다.

워낙에 벽상태가 좋지 않아서 아무리 퍼티를 해도 마감이 잘 안 나온다고. 심지어 '자갈밭'이란 표현까지 하셨다. 벽상태가 안 좋으니 웬만하면 하얀색 벽지는 추천하지 않으신다고 말씀하셨다. 하지만 이미 하얀색으로 결정했기 때문에 고개를 끄덕였지만 색을 바꾸진 않았다. 이런저런 말씀은 하셨지만 모든 과정을 끝내고 보니 세심하게 해 주신 티가 났다. 벽면도 많이 정리가 되었고, 둥글고 어설펐던 모서리도 각이 살아났다.

도배가 끝났다.

집이 집다워졌다.

– 가구, 싱크대 설치

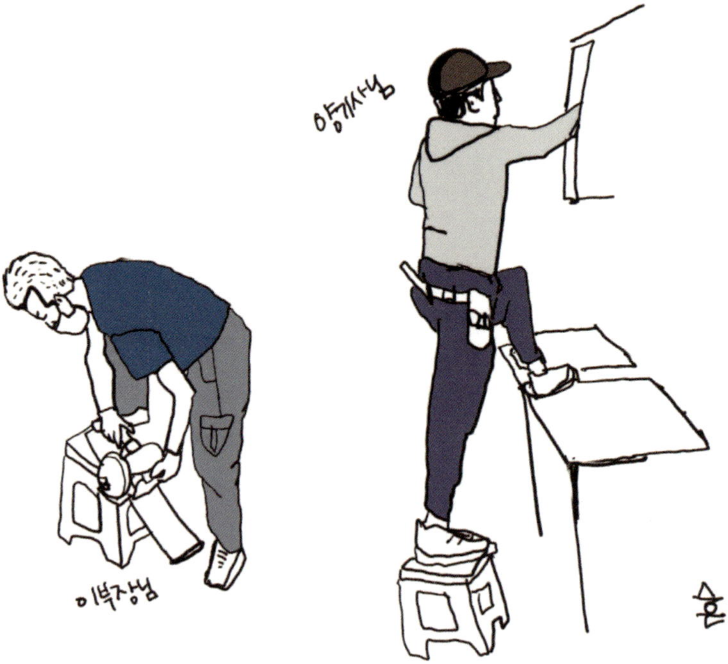

가구 구성의 최선을 고민하다.

작은 집은 수납이 중요하다. 최대한 수납 공간을 확보하기 위해서 큰방과 작은 방에 붙박이장을 설치하기로 했다. 수납 공간을 구성해서 업체에 보냈다. 특히 신경 쓴 것은 가지고 있던 옷 수납함이 들어갈 수 있게 높이를 조정하는 것과, 작은 방의 붙박이 장 안에 전기 청소기가 들어갈 수 있게 하는 것이었다. 긴 옷이 많으니까 긴 옷걸이장을 만이 만들고, 칸칸이 구성한 장도 탈부착이 가능하게 해서 필요할 때 긴 옷을 걸 수 있게 하였다. 그렇게 세심하게 신경을 써서 붙박이장을 구성했더니, 굉장히 효율적인 수납이 가능했다. 지금도 여유 공간이 남아 있어서 마음도 여유로운 상태이다.

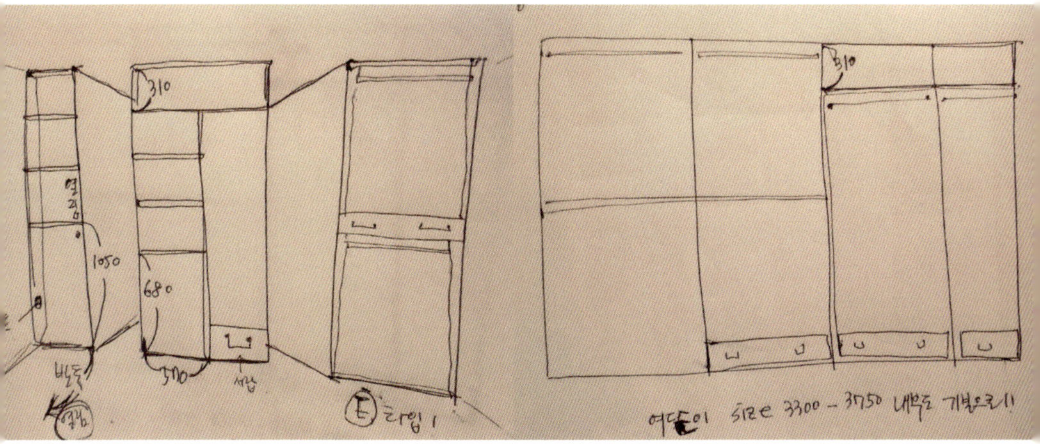

싱크대 아일랜드장은 서랍으로 구성해 달라 요청했다. 아무래도 여닫이 보다 그릇 수납하기에 좋고, 꺼내기도 편하기 때문이다. 싱크대 쪽은 손잡이를 달지 않고, 아일랜드장은 손잡이를 달아서 그릇을 넣고 빼는 것을 쉽게 할 수 있도록 했다. 물론 입술 모양의 손잡이는 가구 설치 전에 사놓았다.

유쾌한 이 부장님, 정확한 양 기사님

인테리어의 마지막 단계! 싱크대를 설치하는 날이 되었다. 시공하시러 두 분이 오셨다. 두 분 중 팀장님 같은 분께 '호칭을 뭐라 해야 할까요?' 했더니, 어차피 싱크 공장에서 하청을 받아서 따로 움직이는 사람이라고 하셨다. 누구는 '이 사장'이라고도 하고, '이 부장'이라고도 하고, 팀장이라고도 하니까 그냥 맘대로 부르라고 하신다. 최종적으로 결정한 호칭은 '이 부장님'! 이 부장님은 말씀도 재미있게 하시고, 일을 하시는데 여유가 있으셨다.

이 부장님은 제자라고 소개하고, 이 부장님을 형님이라고 부르는 청년 일꾼은 양 기사님이시다. 작업을 시작할 때 불편하실까봐

내가 현장에 같이 있어도 괜찮으시겠냐고 여쭤봤더니, 계속 같이 있는 게 좋지 않겠냐고 하셨다. 그 덕에 11시간 동안 이 두 분과 함께 싱크, 붙박이장, 신발장을 세팅하는 것을 볼 수 있었다.

배우 신정근을 닮으신 이 부장님은 정말 멋진 분이었다. '이 일을 하는 사람은 많지만 제대로 하는 사람은 백 명 중 셋 될까 말까 한다. 그런 사람들을 찾는 게 힘드니까 일꾼 찾기가 힘든 거'라 하셨다. 그럼 '부장님은 제대로 하시는 분?'이라는 말에, 그걸 내 입으로 어떻게 말하냐며 웃으시는데 나도 따라 웃게 되는 기분 좋은 웃음을 짓는 분이었다. 같이 일하는 양 기사님도 일을 잘하고, 꼼꼼하다고 어디에 내놔도 하나도 부끄럽지 않다고 소개하셨다. 서로 의지하고 신뢰하는 두 명의 합이 보는 사람도 즐겁게 했다.

같은 일도 누구랑 하느냐, 어떤 관계를 가지느냐가 이렇게 일을, 공간을 다르게 만든다.

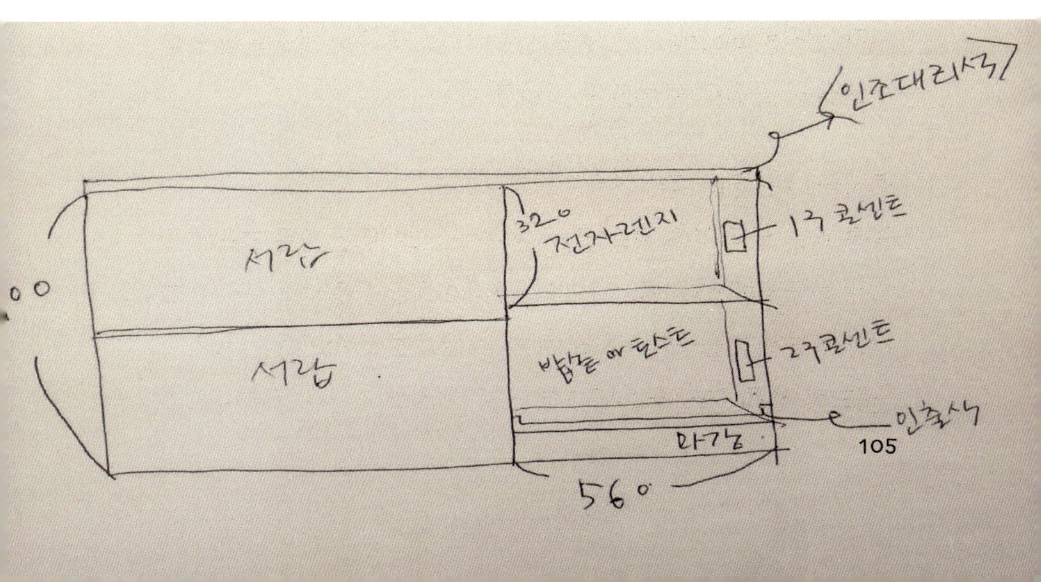

싱크대, 신발장, 붙박이장

바닥 보양부터 시작하고 양중을 진행했다. 자재와 장비가 어마어마했다. 이 많은 자재가 우리집에 설치될 것이고, 저 많은 장비가 쓰이는 것이다. 이 부장님께서, 청소기 달린 톱과 레벨기를 사용하는 팀은 몇 없다면서 나에게 운이 좋다 하셨다. 그렇게 말씀하시니 또 기분이 좋았다.

하루 종일 작업장에 같이 있으면서 가구의 위치를 점검하며 현장감독 역할을 했다. 인테리어를 하는 내내 바닥의 단차는 맞지 않고, 벽은 수직이 아니며 울퉁불퉁하다는 말을 내내 들어서 나도 모르게 '힘드실 거예요. 집이 울퉁불퉁하거든요'라고 변명 섞인 말을 하자. '천정 탓. 벽탓 하는 사람은 실력이 모자란 것'이라며, 합판을 그림 그리듯이 잘라서 천정과 장 사이를 기가 막히게 끼워 넣으셨다. 작업 내내 볼 수 있었던 자부심은 다 실력과 정성이 뒷받침된 것이었다니 감탄했다.

양 기사님은 일을 정말 꼼꼼하게 하셨다. 평형을 맞추면서 장들을 설치하는데, 조금이라도 맞지 않으면 다시 손을 보았다. 내부 몰딩으로 붙박이장을 짜서 문길이가 길었다. 양기사님은 '등 무게가 무겁냐고, 문이 천정까지 닿는 것이 예쁘긴 한데, 등이 무거우면 닿을 수도 있다'고 하면서 아주 작은 부분까지 고려하면서 진행하는 모습이 듬직했다.

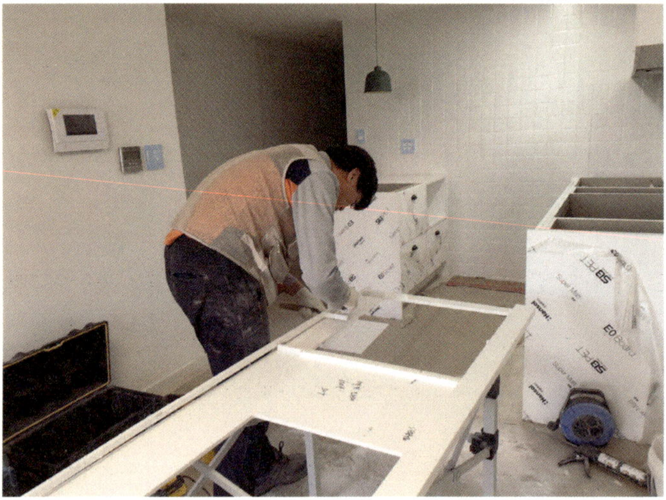
SB PET
E0 Board
Super Matt
Hansol

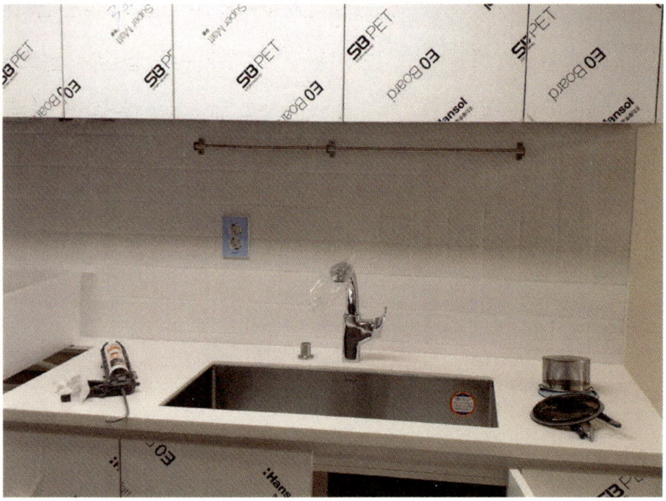
SB PET
E0 Board
Super Matt
Hansol

싱크대 상판 앉히기

싱크대 상판 시공은 일정상 다른 날에 진행되었다. 인조 대리석 상판의 뒷턱을 없애기로 했는데 업체 간에 소통이 잘못돼서 다시 작업을 했기 때문이었다.

우리 집은 단차가 안 맞고 벽이 고르지 않다는 말을 계속 들었는데, 아니나 다를까 최대한 석고보드로 보강해서 붙인 타일 벽도 일자가 아니었다. 대리석을 대어보시더니, 뒷턱 없는 마감이 힘들 수도 있다고 하셨지만, 한참 후에 대리석 상판에 선을 그리고, 그 그림대로 재단을 하여 붙였더니 딱 맞았다. 실력이 또 환경을 넘어섰다.

인덕션은 그 자리에서 타공을 하셔야 한다고 했다. 엄청난 먼지. 마스크도 안 쓰시고 하셨다. 사각 싱크볼을 사놓았고, 인덕션은 직구를 해서 사놓았다. 수전과 세정제 디스펜서도 미리 구매해 놓았더니, 그 자리에서 타공 하고 딱 맞추어 주셨다.

생활의 공간, 삶의 공간으로

- 인테리어를 마치면서

인테리어 공사를 하면서 계단에서 노을을 본 게 몇 번이지 모르겠다. 하루가 저물 때마다 고단한 만큼 신났던 시간들이 지났다.그리고, 그렇게 만들어진 공간에서 살고 있다.

공사를 마치고 나서 수리 전 사진과 비교해 보았다. 정말 굉장한 변화. 단순히 그럴듯해 보이기만 하는 것이라면 이렇게 뿌듯하거나 사랑스럽지 않을 것이다. 내가 원하는 것을 찾고, 매일 매일 부딪히는 문제 상황을 해결해 나가고, 새로운 사람들을 만나면서 나를, 삶을 넓혀왔던 시간들이 구석 구석에 담겨 있고 묻어 있다.

이사 전날 집을 나설 때 쉽게 발을 떼지 못했다. 살짝 감격했던 것 같다.

집 고치는 과정에서 내가 현장에서 땀흘리며 하는 일을 좋아하는 것도 알게 됐고, 땀흘리며 일 할 때는 스트레스가 확실히 적다는 것도 새삼 알게 됐다. 일이 틀어졌을 때 해결하기 전까지 그것만 생각하면서 몰두하고, 나를 설득할만한 해결이라면 기꺼이 실수를 수용하는 사람이라는 것도 알게 되었다. 안 되는 일은 잘 접는 것도, 미련을 가지기 싫을 때는 생각을 멈추는 사람이라는 것도 새삼 알게 되었다. 집 고치는 과정은 열정과 에너지가 내가 좋아하는 일에 쓰일 때의 뿌듯함을 오감으로 느낄 수 있었던 그런 시간들이었다.

그 시간들을 통해 집이란 단어는 나에게 이전과 다른 의미를 갖게 되었다.

이 집에서 나는 어떤 일을 겪고. 어떻게 나이 들어갈까.

평안한 일상을 보내고 따뜻한 시선으로 살아가는 날이 많기를. 슬픔과 아픔을 응시할 수 있는 힘을 잃지 않고, 되도록 빨리 회복할 수 있기를 바라본다.

삶의 배경이며 생활이 담기는 그릇인
집을 고치는 일은
나에겐 굉장히 중요한 일이었다.

my blog

눈이 왔다. 잠깐 좋아하다가 페인트 하기로 한 날인데 괜찮을까 살짝 걱정이 됐지마, 뭐 그래도 '펑펑 눈이' 오니까 좋다.

<오늘의 일>

- 도배 퍼티작업

얼굴만 봐도 묵직하시고 차분한 이미지를 가지신 도배 사장님이 오셨다. 먼지가 많이 날리니까 이따 오라고 하셔서 잠깐 까페에 있다가 페인트 사장님 오시는 시간에 맞춰서 집에 왔더니 거실 초배 작업을 끝내셨다. 일이 많으셔서 점심도 못드시고 가져다놓은 카스타드로 떼우신 것같던데.. 도배는 다음 주 토요일, 일요일 이틀 동안 계속된다. 끝나고 얘기하자는 사장님이 무섭긴 하지만 신뢰가 간다.

- 페인트 작업.

베란다와 현관문에 페인트를 칠했다. 사장님은 옆집에서 놀러 오신 것같은 포스로 1시좀 넘어서 오셨다. 쓱싹쓱싹 칠하고 금방 가시려나보다 했다. 현관문 칠을 시작하는데 적절한 회색을 찾는 게 어려웠다. 조색을 하실 때 조금 더 환한 그레이면 좋겠다고 했더니 지금 것이 좋다 하신다. 그래도 약간 더 진했음 한다고 하니, 흰 색 페인트를 가지러 차로 가신다. 흠. 가지러 가기 귀찮으셨던 것일까? 정말 더 흐리면 이상한 걸까? 이것도 잘 모르겠다. 판단 그만! 페인트 사장님은 현관문은 에나멜로 칠해야 오래가고 하루 넘게 말려야 한다고 문을 열어놓으라고 하셨다. 날씨가 춥다던데 보일러가 얼거나 하지 않기를.

베란다는 수성페인트로 칠했다. 완전한 하얀 색은 오히려 때가 탄다고 회색을 조금 섞어서 칠해주셨다. 베란다 선반이 고정된 채로 칠하면 일이 더뎌지고 힘들다고 하시면서도 구석구석 신경을 써 주셨다. 실리콘까지 쏘시고 마무리를 하며 다음엔 더 잘 해주겠다고 하셨다. 페인트 칠하시던 사장님의 얼굴을 떠올리면 마감이 덜 된 부분은 웃으며 참을 수 있을 것 같다.

오늘 만난 분들은 다른 분들보다 무뚝뚝하셨다. 생각해 보니 어쩌면 친절함을 더 요구하는 것도 실례일 수 있겠다는 생각이 들었다. 소비자의 요구에 일일이 친절하게 반응하며 상대하는 것은 쉽지 않은 일일 수 있다. 게다가 집에 대한 사람들의 관심과 민감함은 또 얼마나 곤두서 있는가! 나만해도 잘 하고 싶고 실수하고 싶지 않은 마음이 정말 커서 불안한 마음에 작업내용을 자꾸 확인했던 것 같다. 하지만, 바꿔 생각하면 이분들은 매일 하시는 일이다. 감정 노동에 시간을 보내고 싶지 않으실 거다. 깔끔하게 빨리 마무리하고 싶은데 우리집같이 일이 많아지는 오래된 현장이 반가울 리 없다. 최선을 다해 잘 마무리하려고 하실 때엔 최대한 멀리서 그분들에게 걸리적거리거나 신경 쓰이지 않게 하는 게 좋을 수도 있다. 나름대로 이것 저것 공부하고 읽은 게 많아서 이야기를 할 게 자꾸 생기긴 하지만, 현장에서 정리되지 않았던 것을 말하고 요구하는 건 좋은 일같지 않다는 생각이 들었다. (물론 중대 하자를 미연에 막고 싶은 마음때문에 자꾸 일을 멜 수밖에 없었긴 하다.)

그렇게 하지 않을 방법은 하나. 일하시는 분들을 좀 더 신뢰하는 마음이 필요하다. 그렇지 않으면 쓸데없는 불안을 이길 수 없다. 혹여 잘못되는 게 있다면 그것도 할 수 없는 일. 이리저리 재단하고 평가하는 눈을 옆에 두고 일하시게 하지 않게 조심해야겠다고 생각했다.

my blog

오늘 서울은 대설주의보.

페인트 사장님은 오랜만의 눈이라고 좋아하셨다. 나도 좋긴 한데.. 집엔 어떻게 가려나.. 페인트칠이 끝난 베란다는 완전 맘에 든다.^^

2020.02.16.

my blog

점심 도시락의 비밀.

어제 언니랑 얘기하다가 어마어마한 비밀을 알게 되었다. 하루 종일 밖에서 일한다고 공사하는 내내 도시락을 싸 주고 있었는데, 언니의 도시락은 아침, 점심의 두 끼 분량이었던 것이었다. 나는 당연히 도시락이 하나니 한 번에 먹으라는 줄 알았다. 심지어 달걀까지 한 번에 두 개를 먹어서 배가 너무 불렀던 적도 있었는데 두 끼를 한 끼에 먹어 치우고 있었던 것이다. (하지만, 두 끼 도시락을 도시락통 하나에 싸는 것도 좀 이상한 행동이다. 아무리 도시락통이 없어도 그렇지...)

오늘 도시락을 유심히 보니, 달걀 후라이가 두 개다. 이게 두 끼의 의미. 하지만, 도시락통이 하나니 나눠 먹을 순 없다. 오늘도 한 번에 클리어! 배가 또 부르다.^^

몸을 움직이며 사는 삶.

공사 시작한지 3주가 지나니 세시부터 졸리기 시작한다. 오늘은 오후 작업이 일찍 끝나서 여섯시 쯤에 집에 갔는데, 너무 졸린 거다. 눈이 감기고. 오자마자 누웠더니 언니가 웃는다. 아홉시에 오는 전화는 자다가 받고, 11시에 오는 연락은 못 받았다. 놓친 일이 있는지 긴장하며 메모하고 아침에 차를 마시며 정신줄을 잡는다.

2021.02.21.

살다

내가 만든 공간에서 산다는 것.

벌써 일 년

– 이사한 지 1년이 됐다.

'작년 오늘 무엇을 했나요?'

분주했던 작년 2월에 쓴 일기가 블로그 알림에 떴다. 벌써 1년이구나. 공사를 하면서 매일매일 썼던 일기를 한 번 천천히 읽어보았다. 그 많은 일을 내가 했다는 게 또 믿기지 않는다. 과거의 나에게 감탄 또 감탄.

이사한 집에서의 1년

신축 아파트들 사이에서 혼자 낡은 외관으로 서 있는 아파트지만 멀리서도 우리 집이구나하며 반가웠다. 어두컴컴한 아파트의 복도를 지나 불을 켜고 들어설 때 '내 공간'이 주는 안정감은 '삶'을 든든히 받쳐주는 느낌이었다.

거실 창으로 보이는 숲은 어떤 계절을 지나고 있는지 계속 알아차리게 해 주었다. 봄에는 연둣빛 나뭇잎들이 숲을 채웠고, 길가의 덜 자란 가로수는 기특하게도 중심을 쥐고 있었다. 여름엔 비바람이 숲을 큰 덩이로 흔들었고, 짙은 녹색의 기운이 충만했다. 가을은 금세 지나가며 성글어지더니 유난히 눈이 많이 내렸던 어느 겨울 날은 눈 내리는 소리가 들릴 정도로 고요한 풍경을 선물했다.

동네를 탐색하는 과정도 즐거웠다. 이쪽저쪽으로 다녀보면서 구석구석 살펴보는 재미가 있었다. 분명히 6년 동안 이 동네에 살았었는데 그 동안 아주 짧은 길도 걸어 다니지 않았다. 언제든 떠날 수 있는 곳이라는 생각에 길보다는 용건이, 공간보다는 대상이 중요했었던 것같다.

고덕천 산책로는 밤에 쓱 나설 수 있게 해 주었다. 그렇게 많은 사람들이 밤에 산책을 하는지 전에는 몰랐다.

삼겹살이 맛있는 노포는 그 사이 자주 드나들어서 주인 아주머니와 눈인사를 할 사이가 되었고, 동네 빵집은 오후 8시쯤 가서 통호밀빵을 사면 크림치즈빵을 덤으로 준다는 사실도 알게 되었다. 근처 꽃 도매상에서는 만 오천 원에 예쁜 꽃 한 다발을 살 수 있는 것도 동네 탐방의 결과다.

무엇보다 좋았던 우리 집.

눈이 닿는 곳곳에 있는 작은 역사들이 나에게 말을 건다.

부엌의 벽과 베란다 타일을 보면 논현동에 갔던 게 생생하다. 타일 사러 갔던 곳에서 100각 타일을 보고, 딱 적당한 광택과 질감을 못 잊다가 '에라, 모르겠다'하며 비싼 시공비와 자재비에도 불구하고 큰 맘먹고 결정했었다. 마침내 완성된 벽을 보고는 얼마나 맘에 들었던지. 지금도 우리집 한 벽면을 차지하고 있는 타일 벽을 볼 때마다 참 좋다.

만약에 누군가 나에게 인테리어에 대해 한 마디 하라고 하면, 꼭 하고 싶은 것을 하나를 생각하라고 할 것이다. 그리고 그것을 실현하면 두고두고 나를 행복하게 해 줄 거라 하고 싶다. 아무도 알아차리지 않더라도 나를 위해서 내가 좋아하는 일부를 만드는 것은 생각보다 큰 기쁨을 주는 일이었다.

유난히 추웠던 날, 창고 문을 닫아놨다가 안에 곰팡이가 생겨서 깜짝 놀랐었다. 환기가 제일 중요하다고 했던 타일 한 반장님의 말이 생각나 문을 열어놓았더니 금방 괜찮아졌었다(물론, 봄에 흰색 페인트로 다시 칠해야 한다). 이젠 수리까지는 못하지만 집에 무슨 일이 생기면 어떤 문제일지 추측해 볼 수 있는 수준이 되었다. 내게 힘이 생긴 느낌이다.

하얀 벽 때문에 조명을 조금만 켜 놓아도 스튜디오처럼 정갈한 느낌이 나는 거실에 있으면 차분해진다. 비가 올 때는 거실 구석 벽 속에 숨은 우수관에 후두둑 떨어지는 빗소리가 좋다. 우수관에 대한 서사가 떠오르면 더 귀 기울이게 된다.

코로나 19 때문에 집에 머무는 시간이 많아서 집을 좋아할 시간도 많았다. 창 옆에 누워서 하늘을 바라보던 시간이 좋았고, 내 공간을 가꾸고 싶다는 마음에 청소 루틴을 만들며 바지런을 떨었다. 책장의 무게로 가장 덜 사용하던 작은 방은 겨울에 작업실로 바뀌어 바짝 일을 할 수 있는 공간으로 쓰였다.

친구들이 아침에 와서 밤까지 머물 때도 좋았다. 오면 오래오래 머물고 싶은 집, 시간 가는 줄 모르는 집이라는 공연한 말도 듣기 좋았다.

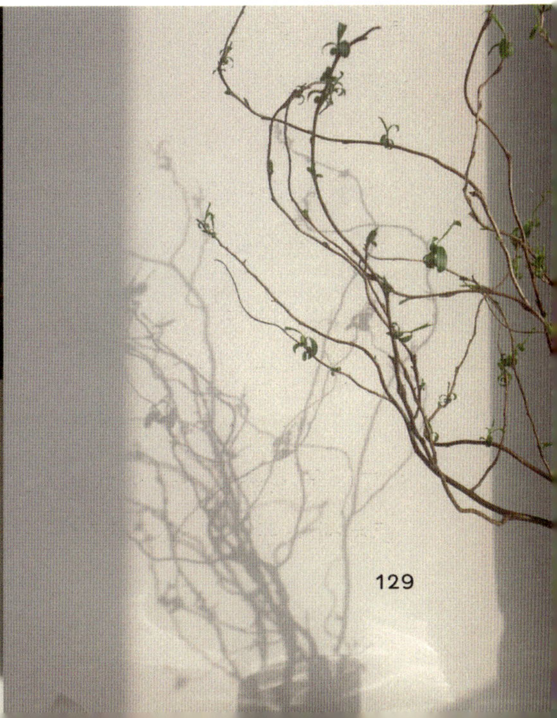

집에 들어와 창 앞에 오래 머물면서 창밖 풍경을 바라보는 친구들의 뒷모습은 풍경의 일부가 되었다. 빈백 의자에서 뒹굴거리는 친구를 위해 차를 준비하고, 와인을 챙기는 시간이 좋았다.

어느 날, 어쩌다가 집을 사게 된 일

그리고 또 어쩌다가 인테리어를 시작하게 된 일. 이 일들은 내가 살면서 한 아주 잘한 일 중에서도 잘한 일이 되었다. 이 집에서 오래 살아가면서 또 다른 이야기들이 차곡차곡 쌓일 것이다.

이 공간에서 듣게 될 이야기들과 겪게 될 여러 가지 일들을 상상해 본다. 울기엔 어디가 적당하며, 슬플 때는 어디에서 마음을 달랠까? 물론 집이 크지 않아서 아주 역동적일리는 없겠지만. 정말 기분이 좋을 때는 난 어디에서 그 기쁨을 누구와 나눌까? 우리집엔 또 어떤 친구들이 놀러 와서 무슨 이야기를 할까? 신발장의 신발은 언제 버리고, 새 신발은 또 어떤 걸로 채워질까? 10년이 지난 큰 소음이 나는 냉장고는 언제 고장이 나고, 나는 또 어떤 냉장고를 산다고 설렐까? 티브이 시청을 줄이겠다고 키우지 않았던 32인치 티브이는 언제까지 나와 함께 할까?

나도 모르는 일들이 이 공간에서 어떻게 전개될까?

이제, 집에 대한 긴 글을 마쳐도 될 것 같다.

나와 같이 나이 들어갈 집에서
좀 더 좋은 노래를 듣고, 읽고 싶은 책을 읽으면서
나를 아끼는 사람들과 함께 시간의 결을 걸어갈 일만 남았다.

우리집에 놀러온 사람들

방명록엔 마음이 적힌 마음들

집을 고칠 즈음에 친구가 공책을 선물해주었다. 내가 좋아하는 스타일이어서 생각나서 사 왔다고. 베이지 핑크 빛이 도는 예쁜 무지 노트였는데 쓰기 아까워서 잘 챙겨두었었다. 공책의 쓰임새는음 우리 집에 손님이 처음 온 날 정해졌다. 놀러온 가족들, 친구들에게 집짓기의 마지막 화룡점정을 함께 하자 해야지.

사람들은 웃겨하면서 (일부는 어이없어 하면서) 방명록을 써 주

축하드려유~

~생님!

~희은

~생님 ㄴㄱ.

신가했어요. ㅋㅋㅋ

모르겠어요!!! 선생

벌써

백!

호텔식 화장실!!

부럽다.
진짜 진짜 부럽구나.
여기에
좋은 것만 보고
좋은 생각만 하고
좋은 것만 먹자.
부럽다. 엄청!!!
2020. 4. 18.

ㅠ.

놀라운 뷰!!

모-오던한 하우스!!

멋지다 멋져!!

(인테리어. 리모델링 완료).

풀옵션 Talk: 에어컨, 티브이, 냉장고 세탁기 등

은선

승은샘♡
학교에서 바쁘던 와중에 갑자기
그리고 승은아 커피~
시간.

깜짝 놀랐었을
걱정했던
까지 인테리어~

2020. 10. 19.
승은샘집에 두번째 방문

효진샘 미희샘도 함께 했어요

ㄲ !!

승은!
승은 집에 와서 오십여섯에 꿈이 생겼다.
오롯이 나를 위한 이런 집을 꼭 장만해야지.
그때 승은이 현장으로 일하기로 약속했다.
기다려시라!!
승은샘.
축하해요. 집이 정말 예뻐요.

2010. 3. 10
성진희

시세다운 [illegible]의 집
승은샘
[illegible]
사랑하는 승은

집에 들어서자 마자
느껴지는 기분, 너무 깨끗하고
화사하고
밝고 맑은 분위기가
마음에 확 들어 온다.
네 마음에 꼭 맞는 분위기다.
주님의 가정에서 누리며 느끼며 살기를
기도한다.
시편 121:1-8
2010. 3. 25.
너의 아빠가.

글로만 보던, 승은느~
어루만져진 예쁜 집을

1억 4천 9백 3천 ~~~ 정말 [illegible] 같다.

모든 일이 ~

White &
[illegible] 예술.

~ 샘이

White &
[illegible]
[illegible]
되어도 White House이길.
― 다.

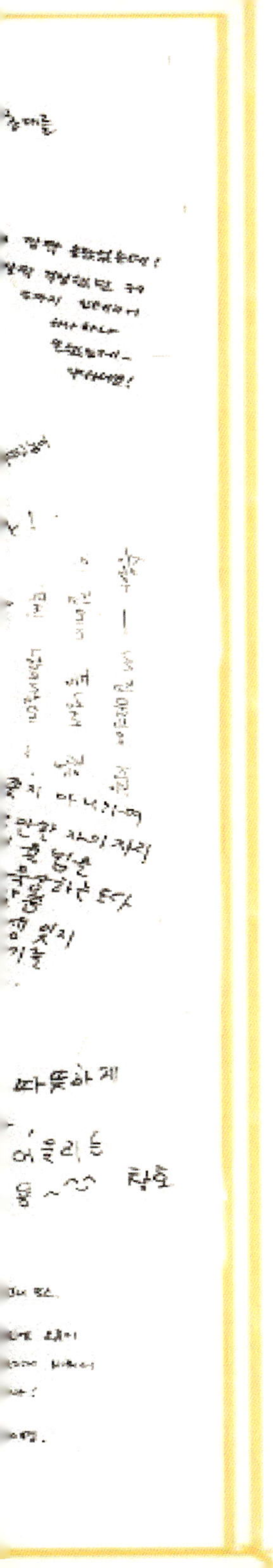

었다. 방명록은 곧 놀러온 친구들이 생각나는 페이지들로 채워졌다. 집에서 먹은 음식을 그리기도 하고, 서로를 그리기도 했다. 창문 밖의 하늘의 풍경이 방명록에 채워지기도 했다. 행복하게 살라고, 빚 잘 갚으라고. 청소 잘 하라고. 예쁘다고. 또 놀러 오겠다는 메시지들도 잔뜩이다. 어느 하나 마음이 담기지 않은 글이 없다. 글을 읽는데 글로는 표현되지 않는 마음이 그대로 전해진다.

가족들의 글은 글씨만 봐도 눈물이 난다. 기도해 주시고 걱정해 주시고 그리고 기뻐해 주신 엄마, 아빠, 10년 전부터 집을 사겠다는 나를 말려온 언니의 미안하다는 메시지엔 눈을 흘겼지만 웃음이 먼저다. 그리고, 항상 이모가 걱정스러운 은선의 귀여운 글도 보면 볼수록 따뜻하다.

집 고치는 내내 내적 갈등이 생길 때마다 같이 의논해 주고, 내 마음을 읽어주었던 친구, 인테리어가 취미인, 먼 곳에서 필요할 때마다 정답을 알려주었던 친구, 혹시 사기라도 당할까 걱정된다고 집 계약하러 같이 와준 직장 선배나 집 주변을 둘러보며 동네 탐방을 해 주었던 직장 후

배가 있었다. 인테리어 관련 일을 하는 친구도 필요할 때마다 실질적인 도움을 주었다. 이사할 때에도 혼자 하면 분명히 버거울 것이라면서 같이 와서 도와주었던 친구도 있었다. 생각해보니 혼자 집을 산 줄 알았더니 사실은 많은 사람들이 같이 집을 사 주었고, 혼자 집을 고친 줄 알았더니 많은 사람들이 도와주어서 집을 고칠 수 있었다.

집 한 켠에 이렇게 나를 사랑하고, 내가 좋아하는 사람들의 글이 담긴 방명록까지 한 자리를 차지한다.

이제야 집고치기가 완.성.되었다.

혼자 집을 고친 줄 알았더니
많은 사람들이 도와주어서
집을 고칠 수 있었다.

에필로그

607호와 이별하기.

이삿날 새벽의 일기

이사 전 날. 그러니까 어제.

아침에 일어나자마자 갑자기 서운한 느낌이 가득.

이사하기로 결정하고 새 집에 대한 생각은 여러 방면으로 가득이었다. 근 세 달 동안 이사. 셀프 인테리어, 낯선 단어들 속에서의 번민과 고통, 조금 설렘.

그런데. 아침에 눈을 뜨니 이제 이 공간. 이런 아침은 내겐 없겠구나 하면서 갑자기 울컥해진다. 눈도 다 뜨지 못한 상황에서 펜을 들고 막 그려보았다.

나만 아는 집. 내게만 보이는 집을.

집을 살 때까지 장을 사지 않겠다며 행거로 버텨온 날들. TV때문에 당최 방을 나가지 않아서 TV를 밖으로 놓은 후에야 탈출할 수 있었던 내 방.

좋은 침대를 사서 꿀잠 자겠다며 가구도 아닌 침대를 사러 다니던 기억이 난다. 언니가 물려줬던 25년 된 서랍장도 여기서야 바꿀 수 있었지. 전화기를 들고 수다 떨고 울기도 하고 누워서 나를 원망하며 하이킥을 하던, 최대한 버티고 싶은 만큼 내가 편했던 여기, 내 방.

부엌엔 작은 일자형 싱크대와 흰 키큰장. 흰 냉장고, 흰 식탁이 다였다. 밥을 거의 해먹지 않고, 고기와 커피를 주로 먹었던 곳. 주황색 전기포트는 이사 두 주 전에 할 일을 다 한 듯 고장이 났다. 수고했다. 우리 집 가전 중에 가장 바빴던 너.

저탄고지, 간헐적 단식, 채식 등 수 많은 다이어트의 시도가 이뤄졌고 친구들에게 브런치를 대접한다고 분주했고. 가끔 오시는 부모님을 위해 사온 반찬들로 작은 내 주방이 채워졌었다. 식탁 위의 파란 창을 찍은 액자 속 그날은 따뜻했고 식탁 옆 여섯 장의 사진은 가끔 보였지만 언제나 좋았다. 영양제를 한 주먹씩 쥐어 주면 꾸역꾸역 먹으며 건강을 기원하던 나. 운동을 해야 했다.

오층까지 껑충 큰 플라타너스가 창을 가득 채운 풍경이 참 좋았던 거실. 처음엔 큰 테이블을 놓았었다. 그러다가 티비를 놓게 되었고 편하게 볼수 있는 좋은 소파를 찾아댔던 시간들이 있었다. 크고 편했던 암체어와 3인용 가죽 소파를 거쳐서 거실 크기에 딱 맞는 연두빛의 나무 질감이 살아있는 가리모쿠 소파가 지금의 우리집의 소파다. 불편한데 참 좋아서 다른 소파를 더 찾을 이유가 없었다. 앉아서 '도깨비'도 보고. '나의 아저씨'도 보고. '멜로가 체질'도 보면서 울고 웃었다. 그렇게 내 삶을 함께 하고 있다.

책장을 세 개 이상 넘기지 않겠다고 결심한 후로. 책을 빌려 읽자 했는데. 결국은 읽어야 하는 책만 읽던 나의 알뜰한 독서시대. 하지만 그렇게 아껴서 읽었는데도 결국 작년 말엔 안 읽은 책이 33권이 쌓여서 '긍긍의 안 읽은 책. 덜 읽은 책' 프로젝트를 탄생시킨 이 곳.

책도 읽고, 숙제도 하고 밥도 먹고, 영화도 보고 차도 마시고, 술도 한 잔 하던 곳. 부모님이 오시면 이불을 반으로 접어서 자기도 했던 멀티플렉스 복합 문화 공간. 이젠 더는 내 것이 아니구나.

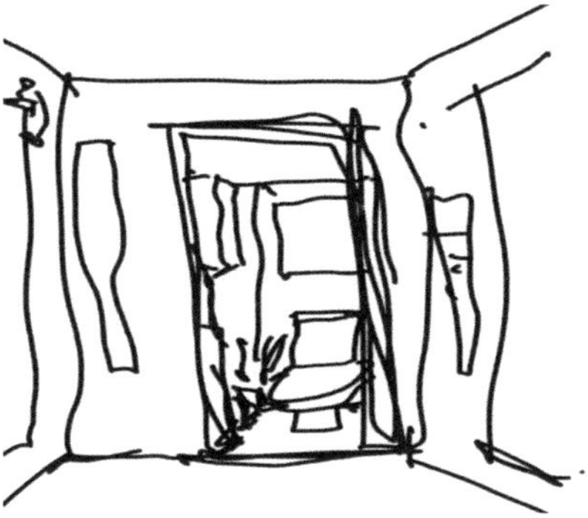

오래된 집에 어울리는 작은 욕실의 허벅지에 닿는 세면대는 처음엔 놀랐지만 곧 적응했다. 문틀을 부수고 자리 잡은 세탁기와 백만 년이 된 듯한 상부장도 이젠 볼 수 없겠구나. 물살을 세게 나오게 하는 샤워 헤드는 선물로 남길까 했는데. 새로 오는 입주자는 욕실을 고쳐달라 해서 수리를 한다는 소식을 들었다. 하! 이 빌어 먹을 적응력…….

그리고 베란다. 집의 밖도 안도 아닌 곳. 집에 두고 싶진 않지만 없애지도 못하는 것들이 차곡차곡 쌓이더니 이사 직전엔 절정을 이루었다. 하지만 여기는 나무를 스친 바람이 들어왔었고. 막 세탁한 빨래가 마르고. 바질. 애플민트. 제라늄. 올리브. 유칼립투스. 휘카스. 라일락. 팔손이, 커피나무들이 자라기도 했던 생명의 공간이었다.

저녁 먹고 집으로 들어오다가 찍은 우리 집. 저렇게 많은 세대가 한 동에 사는 데 내가 아는 분은 경비아저씨 한 분뿐이었다. 아침마다 겹겹이 주차된 차 속에서 내 차를 뺄 때면 흔쾌히 도와주시던. 새로 이사 가는 집은 주차시설이 더 안 좋다. 흠. 서울서 살기가 녹록치 않다.

내가 어떤 사람인지 알아가는 시간 속의 602동 607호. 다섯 시간 후엔 이사가 시작되고. 아홉 시간 후엔 우리 집이 남의 집이 된다. 그래서 그런가...... 잠이 안 온다. 마음이 싱숭생숭. 덕분에 간만의 포스팅. 이왕 쓴 거 집 고치는 이야기를 써볼까? 쓸 수 있을까? 갸우뚱 하면서 블로그에 카테고리를 만들어본다. 그래도 잠이 안 온다. ASMR이라도 틀고 자야겠다.

오 분이면 잠든다는 열 시간짜리 유튜브를 몇 분 들으면 잠이 들까...

안녕. 607호.

2014. ~2019.

나의 607호

순

사고 고치고 살다
@신승은2022

1판1쇄 2022년 1월 21일
1판2쇄 2023년 9월 25일
지은이 | 신승은
책임편집 | 신승은
일러스트 | 신승은
디자인 | 신승은
펴낸이 | 김동하
펴낸곳 | 양말기획(등록:279-69-00447)
주소 서울시 송파구 송파동32-1 경남레이크파크2층204호
인스타그램 https://www.instagram.com/yangmal9091